AF224871

HISTOIRE

DES INSECTES

UTILES A L'HOMME,

AUX ANIMAUX, ET AUX ARTS;

L'ABEILLE,	L'ECREVISSE,
LE VER A SOIE,	LES CLOPORTES,
LE KERMÈS,	LES CANTHARIDES,
LA COCHENILLE,	LES SANGSUES, &c.

Avec les moyens qu'on peut employer pour les multiplier, & pour en tirer avantage.

A laquelle on a joint un Supplément sur la destruction des Insectes nuisibles.

Par M. BUC'HOZ, Auteur de différens Ouvrages économiques.

A PARIS,

Chez GUILLOT, Libraire de MONSIEUR, rue Saint-Jacques, en face de celle des Mathurins.

M. DCC. LXXXV.

Avec Approbation & Privilége du Roi.

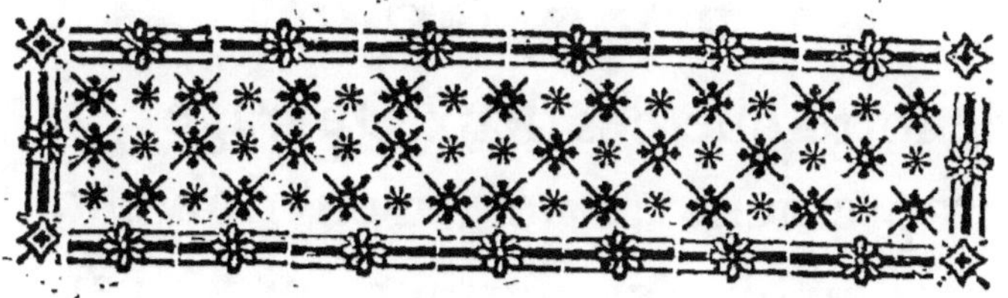

PRÉFACE.

CET Ouvrage est le complé-
ment de l'*Histoire des Insectes
nuisibles*, que nous avons publiée,
& dont il y a eu trois éditions.
Nous traitons dans celui-ci des
Insectes dont nous pouvons tirer
quelque utilité, tant pour nous
en état de santé & de maladie,
que pour les Arts ; nous indiquons
la maniere d'élever & de multiplier
ces Insectes, & la récolte qu'on en
peut faire, tandis que, dans l'Histoire des Insectes nuisibles, nous
donnons la méthode de les détruire, ou du moins de remédier
aux maux qu'ils ont occasionnés ;

de sorte que ces deux Ouvrages, à proprement parler, n'en doivent faire qu'un : ce dernier forme par conséquent le second volume, & sera suivi, sous peu, d'un autre Ouvrage économique, pour le moins aussi utile, qui sera un *Traité sur la culture des arbres & arbustes qui peuvent passer l'hiver dans nos climats.*

Cet Ouvrage est le dix-neuvieme de la collection de nos Ouvrages économiques. Le premier a pour titre *les Présens de Flore à la Nation Françoise, ou Traité historique des plantes qui viennent naturellement dans le Royaume* ; 2 vol. in-4. Le second est connu sous le nom de *Faune François, ou traité historique de tous les animaux qui ha-*

PRÉFACE. iij

bitent *la France* ; 1 vol. in-4. Le
troisieme eft *l'Histoire naturelle,
physique & médicinale de l'homme,*
4 vol. in-8., dont il y a deux
éditions. Le quatrieme eft la *Médecine moderne & pratique,* ap-
puyée *sur l'expérience* ; 3 vol in-8.,
dont il y a pareillement deux éditions. Le cinquieme eft la *Nature
considérée sous ses différens aspects* ;
5 v. in-12., seconde édition. Le
sixieme eft *le Choix des meilleurs
médicamens pour les maladies les
plus désespérées ,* 2 vol. in-12. Le
septieme eft un *Recueil de secrets à
l'usage des Artistes,* seconde édition, 2 vol. in-12. Le huitieme
eft *l'Histoire naturelle des Insectes
nuisibles ,* dont nous avons parlé
ci-deffus, 3ᵉ. édition, 1 vol.
in-12. Le neuvieme eft intitulé

Méthodes sûres & faciles pour détruire les loups, les renards, les belettes, les rats, les souris; 1 vol. in-1 2., aussi troisieme édition. Le dixieme est le *Trésor des Laboureurs dans les oiseaux de basse-cour,* 1 vol. in-1 2., quatrieme édition. Le onzieme a pour titre les *Amusemens des Dames dans les oiseaux de voliere;* 1 v. in-1 2, seconde édition. Le douzieme est la *Medécine des animaux domestiques,* un volume in-1 2, seconde édition. Le treizieme est connu sous le titre de *Manuel usuel & économique des plantes,* 1 vol. in-1 2. Le quatorzieme est *l'Art alimentaire, ou le choix des meilleurs alimens qui conviennent à l'homme,* pareillement 1 vol. in - 1 2. Le quinzieme concerne les *agrémens des campagnards dans la chaſſe des oiſeaux*, & *les plaiſirs des grands Seigneurs dans ceux de la fauconnerie*, 1 vol. in-12. Le ſeizieme eſt déſigné ſous le titre de *Toilette & Laboratoire de Flore*, réunis en 1 vol. in-12., troiſieme édition. Le dix-ſeptieme eſt le *Catalogue latin & françois des arbres & arbuſtes qu'on peut cultiver en pleine terre*; ſuperbe édition in-18, de même que le dix-huitieme qui eſt intitulé, *Etrennes du printemps aux habitans de la campagne & aux Herboriſtes*, cinquieme édition. Le dix-neuvieme enfin eſt le Traité que nous publions. Tous ces Ouvrages, avec ceux que nous publierons dans la ſuite formeront une collection complette de ce qui peut concerner l'économie champêtre.

HISTOIRE

HISTOIRE

DES

INSECTES UTILES.

CHAPITRE PREMIER.

De l'Abeille.

L'ABEILLE est de tous les insectes le plus admirable ; elle est de la famille des mouches ; son corps est composé de trois parties, d'une tête, d'un corcelet, & d'un corps, qui ne tiennent ensemble que par deux especes de petits cordons fort courts. Sa tête est garnie de deux dents longues, saillantes, & mobiles, creusées en maniere de cuiller, qui lui servent comme de mains pour prendre la cire, la pétrir, bâtir les alvéoles, les polir, &c. On y remarque aussi une

A

trompe compofée d'une languette très-
tendre & très flexible, renfermée dans
un étui formé par quatre pieces mobiles : dans l'état de repos, elle eft pliée
en deux , & couchée au-deffous de la
tête ; mais lorfque l'Abeille veut s'en
fervir, elle l'alonge pour la plonger dans
les tuyaux des fleurs, ou dans cette
partie qu'on appelle nectaire , & y
cueillir le miel ; c'eft au corcelet que font
attachées les aîles ; elles font au nombre
de quatre, deux inférieures, qui font les
plus grandes, & deux fupérieures, qui
font les plus petites : les jambes, qui
tiennent auffi au corcelet, font au nombre de fix, trois de chaque côté ; l'extrémité de chacune eft garnie de deux
grands angles & de deux petits, entre
lefquels il y a une partie molle & char-
nue. Ces jambes font compofées de
cinq articulations ; les deux premieres
font garnies de poils ; la premiere articulation de la feconde & troifieme paire
fe nomme la broffe : elle eft carrée, &
fa face intérieure eft chargée de poils
difpofés de la même façon que ceux de
nos broffes ; la troifieme articulation de
là troifieme paire eft pourvue à fa face
extérieure d'une petite cavité en maniere
de cuiller, environnée d'une très-grande

quantité de poils. C'eſt là que l'Abeille dépoſe la matiere de la cire, qu'elle ramaſſe, pour la tranſporter dans ſa ruche. Le corps eſt la partie la plus groſſe & la plus conſidérable de l'inſecte; il en contient les principaux viſceres: on y obſerve ſur-tout deux eſpeces d'eſtomacs, ou de réſervoirs deſtinés à contenir, l'un le miel, l'autre la cire; il eſt armé à ſes extrémités d'un aiguillon très-piquant, enveloppé dans une eſpece de fourreau, & compoſé de deux pieces très-déliées, dont l'extrémité eſt dentelée. Cet aiguillon eſt caché dans l'état ordinaire; mais lorſque l'Abeille eſt irritée, elle le darde avec force : il coule en même temps, par une ouverture qu'on apperçoit à ſon extrémité, une goutte d'une liqueur âcre, qui produit tous les accidens dont la piqûre de cet inſecte eſt ordinairement accompagnée. Le réſervoir de cette liqueur eſt une véſicule ſituée à la racine de l'aiguillon. Il arrive ſouvent que l'Abeille ayant fait une piqûre, veut retirer ſon aiguillon avec trop de promptitude; il ſe détache de ſon corps, & entraîne avec lui la véſicule dont on vient de parler; ce qui eſt à l'inſtant ſuivi de ſa mort.

A ij

Il y a de trois fortes d'Abeilles dans les ruches; celle qui s'y trouve en plus grand nombre eft l'Abeille commune, autrement l'Abeille ouvriere; c'eft celle dont on vient de donner la defcription; elle fait la récolte du miel & de la cire, & bâtit les alvéoles : elle eft la plus petite des trois efpeces d'Abeilles qui habitent les ruches; elle n'eft d'aucun fexe. La feconde efpece d'Abeilles qu'on remarque dans les ruches, n'eft pas fi nombreufe; ce font les mâles ou faux bourdons; ils ne travaillent point, & ne font utiles que pour féconder les femelles : auffi, dès que la ponte eft faite, les Abeilles ouvrieres en débarraffent leur ruche, & les font périr. La troifieme efpece eft la plus rare; on prétend même qu'il n'y en a qu'une dans chaque ruche; c'eft la femelle, connue ordinairement fous le nom de *Reine*; elle eft la plus groffe de toutes : elle paroît gouverner toutes les familles dont elle eft mere. Dans le temps de la ponte, qui dure prefque toute l'année, mais dont le plus fort eft au printemps, la Reine, accompagnée de dix ou douze Abeilles ouvrieres, va dépofer fes œufs dans les alvéoles qui lui ont été préparés pour cela : elle entre d'abord dans l'alvéole la tête la premiere, pour voir s'il est bien disposé pour recevoir l'œuf. Sa visite faite, elle en sort pour y rentrer à re-culons, & y coller son œuf dans l'angle qui en termine le fond : pendant ce temps les Abeilles qui l'accompagnent ont toujours la tête tournée vers elle, & semblent la caresser avec leurs trompes. Après avoir pondu dix ou douze jours, plus ou moins, elle se repose. Deux ou trois jours après que l'œuf a été pondu, il en sort un petit ver blanchâtre, longuet, sans pattes, mais ayant une filiere comme les vers à soie : aussi-tôt qu'il est éclos, les Abeilles viennent dégorger dans son al-véole une écume blanchâtre, de laquelle le petit vers se nourrit; ce qu'elles con-tinuent jusqu'à ce qu'elles s'apper-çoivent qu'il va se métamorphoser. Alors elles couvrent l'alvéole avec une pel-licule de cire. Le ver, ainsi renfermé, file une espece de toile dont il tapisse tout son alvéole ; ensuite il se change en nymphe : au bout de quinze jours, cette nymphe devient mouche, & perce avec ses mâchoires le couvercle qui la renfermoit. Dès qu'elle est hors de l'al-véole, elle se promene dans la ruche, & au bout de quelques momens elle

A iij

prend l'eſſor, & va avec les autres chercher le miel & la cire : quand il ſe trouve trop de jeunes mouches dans ſa ruche, elle eſſaime, pourvu cependant qu'il y ait parmi les jeunes mouches une jeune Reine pour conduire l'eſſaim.

Aux approches du printemps, les Abeilles ouvrieres nettoyent leurs ruches, emportent le couvain avorté & les mouches mortes, rognent ou ôtent au gâteau tout ce qui eſt moiſi, corrompu, & trop ſec pour contenir du couvain, du miel, ou de la matiere à cire, & elles l'emportent dehors. Après avoir bien préparé & nettoyé ainſi leurs demeures, elles vont chercher à la campagne de nouveaux matériaux pour conſtruire de nouveaux alvéoles : quelquefois elles ſont ſi diligentes à cette beſogne, qu'on les a vues conſtruire en un jour un rayon compoſé de quatre mille cellules ; enſuite elles rapportent de la campagne du miel dont elles rempliſſent leurs magaſins. C'eſt dans les fleurs qu'elles vont faire leur récolte.

Le miel eſt un ſuc végétal qui ſe trouve naturellement au fond des fleurs, dans un certain réſervoir que les Botaniſtes nomment nectaire : nous en parlerons à la fin de ce chapitre plus au long. Les Abeilles le fucent, & l'avalent, pour le dégorger enfuite dans les alvéoles deftinés à le recevoir ; elles le donnent auffi quelquefois immédiatement à celles qui font occupées à travailler dans l'intérieur de la ruche. La matiere qu'elles emploient pour leur cire eft la pouffiere onctueufe qu'on voit fur les étamines des fleurs : pour mieux la recueillir, ces infectes fe roulent dans les fleurs, afin que leur duvet fe charge de cette pouffiere ; enfuite ils fe broffent avec leurs pattes, & en forment de petites pelottes, qu'elles chargent dans la cavité de la troifieme paire de pattes ; ils ont grand foin de proportionner leurs charges au chemin qu'ils font obligés de faire. Les Abeilles campagnardes étant de retour dans les ruches, elles trouvent d'autres Abeilles qui les déchargent, ou bien elles vont elles-mêmes à l'alvéole deftiné à recevoir leur cire ; elles y entrent à reculons, & avec les pattes du milieu elles détachent la cire l'enfoncent dans l'alvéole, & l'y entaffent. Outre le miel & la cire, les Abeilles ramaffent encore une autre fubftance réfineufe, à laquelle on donne le nom de propolis : c'eft avec le propolis qu'elles enduifent intérieurement les ruches, afin

A iv

de se défendre contre le froid & les insectes. Parmi les Abeilles qui restent
dans la ruche, les unes étendent le propolis & en enduisent les ruches, chassent
les insectes qui pourroient s'y être in-
troduits, les tuent, & les emportent
dehors : ou si les petits cadavres se trouvent trop gros pour elles, elles les enduisent de propolis, pour les empêcher
de se corrompre & de les infecter : les
autres bâtissent les alvéoles ; elles vont
pour cet effet au magasin commun,
elles y prennent la cire qui leur convient,
elles l'avalent pour qu'elle se perfectionne
dans leur estomac. Cette cire en sort ensuite sous la forme d'une écume blanche,
qui leur suinte continuellement de la
trompe en travaillant dans leur ruche :
c'est cette matiere qu'elles emploient
pour faire leurs rayons.

Avant de commencer les rayons, les
Abeilles attachent au haut de leurs
ruches un petit amas de cire pour les
y faire prendre. Chaque Abeille, attachée
sur ce morceau de cire, ou à l'extrémité
d'un rayon, y verse son écume, & jette
les fondemens d'un alvéole, en l'arran-
geant avec les pattes de devant & sa
trompe, ensuite elle l'éleve & se fourre
dedans pour lui donner la largeur qu'il

doit avoir; elles ont attention de faire plus profonds les alvéoles qu'elles deſtinent à ſerrer le miel ou la cire, que ceux qui ſont employés pour le couvain : lorſque les alvéoles ne ſe trouvent pas en ſuffiſante quantité pour la cire & le miel, elles alongent les anciens, elles prennent même ceux qui ont ſervi au couvain, lorſqu'elles n'en ont plus beſoin pour cet uſage.

Les alvéoles récens forment uniquement les rayons ; ils y ſont adoſſés en deux places adoſſées par la partie de l'alvéole oppoſée à l'ouverture. Ces alvéoles ſont exagones ou à ſix pans, & ſont terminés par une pyramide : il y en a de pluſieurs ſortes ; on en diſtingue ſur-tout de deux eſpeces qui ont plus de grandeur que les autres : les uns ſont deſtinés à recevoir & faire éclore les bourdons, les autres ſont préparés pour les œufs, deſquels doivent ſortir les femelles : ceux-ci ſont d'une ſtructure particuliere ; ils ſont ſi forts, qu'il y entre autant de cire que dans les cellules ordinaires ; ils ſont longs & ronds, plus hauts par le bout d'en haut, qui eſt fermé, que par celui d'en bas, qui eſt ouvert : ils ne ſervent jamais deux fois comme les autres : dès que les nymphes qui y

A v

étoient renfermées se trouvent méta-
morphosées en mouches, ils sont dé-
molis à l'instant.

Un bon essaim remplit la moitié de
la ruche en huit ou dix jours; il acheve
quelquefois dans un jour un rayon d'un
pied de long sur six pouces de large,
qui contient pour l'ordinaire trois mille
alvéoles : les rayons sont placés paralel-
lement les uns auprès des autres, &
tellement espacés, que deux Abeilles
peuvent y passer de front; ils sont en
outre percés en quelques endroits, pour
laisser une communication libre entre
toutes les parties de la ruche.

De la description des Abeilles, passons
aux soins qu'elles exigent d'un économe,
s'il en veut tirer profit. Pour faire un
établissement d'Abeilles, il faut savoir
le vrai temps de l'achat, & distinguer
les marques qui caractérisent les bonnes
ruches. Les mois d'Août, de Septembre
& d'Octobre sont les vrais mois pour
acheter les meres ruches. Pour connoître
si une ruche est bonne, il faut qu'elle
soit lourde, pleine, & bien peuplée : pour
se convaincre de ces qualités, on fait
passer par derriere un homme qui la
renverse un peu, en tirant le haut à
lui, & l'acheteur se baisse pour observer

la quantité & la qualité de la cire & des mouches : ou, si on aime mieux, on enferme la ruche avec un peu de foin qu'on fait brûler dans un pot au-dessus duquel on suspend la ruche ; les Abeilles se retirent vers la partie supérieure ; & en cas qu'il en sorte quelques-unes, elles ne sont pas à craindre ; elles n'ont pas la force de piquer : on peut par conséquent examiner facilement le panier. Cette opération ne nuit pas aux Abeilles. Quand on remarque que la cire est blanche, on est sûr que la ruche n'a qu'un an ; mais si la cire est jaune ou brune, la ruche a au moins deux ou trois ans ; si la cire est noire tout à fait, l'âge de la ruche ne peut plus se connoître. Les mouches de quatre ans ne sont pas bonnes pour conserver, & par conséquent pour acheter ; les essaims qu'elles donnent sont foibles & peu nombreux ; elles ne peuplent même presque jamais, ni elles ne travaillent plus. Il faut encore que l'acheteur ait attention d'examiner si la ruche qu'il se propose d'acheter n'a pas été châtrée. Pour connoître l'âge d'une ruche, il faut sur-tout s'attacher à voir la cire d'en haut, & non celle d'en bas, qui auroit pu être faite depuis la taille, & qui seroit par cette raison aussi blanche

A vj

que le font toutes les cires de l'année.

Le temps propre pour tranfporter en fûreté les mouches à miel , c'eft depuis le commencement de Novembre jufqu'à la mi - Mars : avant ce temps la cire eft trop molle , à caufe de la chaleur, & n'eft pas en état de réfifter aux chocs & aux fecouffes quelle éprouve néceffairement dans ce tranfport. D'ailleurs, fi la ruche n'eft pas pleine, les mouches qui auroient encore du beau temps & qui n'auroient pas fait de nouveaux ouvrages dans la ruche, fe débaucheroient aifément & abandonneroient la nouvelle habitation : fi au contraire on attendoit après la mi-Mars, elles retourneroient aux places d'où on les auroit tirées. Lorfqu'on voudra tranfporter les ruches, on prendra garde, avant de les placer, à leur expofition , afin de pouvoir leur donner la même expofition dans l'endroit où on les mettra ; on les enveloppera enfuite avec une toile claire pour leur laiffer de l'air, après quoi on les chargera fur une civiere, ou bien on les fufpendra à un bâton que deux hommes portent fur leurs épaules : les jours fombres & pluvieux font préférables pour le tranfport, qui doit toujours fe faire le matin ou le foir. Lorfqu'elles feront arrivées à l'endroit de leur deftination, on les placera tout d'un coup fur la planche du rucher, ou fur des fiéges de pierre, de plâtre, & même de terre; mais il faut que les fiéges foient élevés de terre au moins d'un demi-pied ou d'un pied. Il faut laiffer repofer les ruches avant d'ôter la toile qui leur fert d'enveloppe; il faut même ne l'ôter que lorfqu'il fait nuit. Si les Abeilles font trop difficiles à calmer, il faut les fumer légerement avec de la fiente de vache feche, ou de la paille d'avoine, ou même avec de vieux linge : cette fumée leur eft bonne & les fait rentrer auffi-tôt. On efpacera les ruches d'un pied l'une de l'autre, & à deux pieds de la muraille ou paliffade contre laquelle on les appuiera. Si on en fait un double rang, on élevera les ruches de derriere d'un demi-pied au moins plus que celles de devant, afin qu'elles n'aient point d'ombre; on formera par ce moyen une efpece d'amphithéâtre.

Les meilleures expofitions pour les Abeilles font celles du midi ou du levant. Les grands vents, le froid, la pluie, & les trop grandes chaleurs leur font contraires; auffi les adoffe-t-on contre les murailles, fouvent même les met-on

fous des appentis ou des auvents; mais
dans quelque endroit qu'on les place,
il faut toujours les mettre à portée des
maifons, pour pouvoir mieux leur donner fes foins. Il feroit à propos de planter aux environs des ruches quelques
arbres nains & peu élevés, comme des
pommiers & des poiriers en efpalier,
ou en quenouille, ou demi-buiffon, pour
que les Abeilles puiffent s'y repofer,
& que les nouveaux effaims ne s'écartent
pas trop du rucher : il faut auffi faire
en forte qu'il fe trouve à peu de diftance
de quelques courans peu profonds , où
elles iront boire & fe baigner : on mettra
dans les petits ruiffeaux quelques branches d'arbres & quelques cailloux, fur
lefquels elles puiffent fe repofer ; mais
il faut avoir fur-tout attention d'éloigner
les Abeilles des étangs & des rivieres,
parce qu'elles font fort fujettes à s'y
noyer par les vents qui les y précipitent.
Au défaut d'eau courante, on peut leur
en mettre de puits ou de citerne, qu'il
faut avoir foin de tenir bien nette , & de
renouveller de temps en temps : fi on
veut qu'elles nous donnent un miel
exquis & desplus abondans , il faut avoir
grande attention de les placer dans des
endroits garnis de toutes fortes de plan-

tes odoriférentes. La perſonne qui a ſoin des ruches doit toujours être la même; les Abeilles en ſont plus traitables & plus tranquilles, quand elles la connoiſſent une fois : il faut auſſi que cette perſonne ſoit intelligente & aſſidue, qu'elle viſite les ruches toutes les ſemaines, qu'elle les nettoye & leur fourniſſe tout ce qui leur eſt néceſſaire. Pendant le printemps & l'été, les Abeilles trouvent abondamment à la campagne de quoi ſe nourrir ; elles font même pendant ce temps leur proviſion pour l'hiver : en ſemant du bled de ſarraſin en différens temps , on leur fait une nourriture propre à les ſubſtanter. Les Abeilles aiment auſſi beaucoup les fleurs de bourrache , de bugloſſe, & d'hiſſope : ces fleurs durent pour les Abeilles juſqu'à la Touſſaint ; elles n'ont par conſéquent beſoin de rien pendant tout ce temps ; les proviſions qu'elles ont amaſſées leur durent quelquefois juſqu'à la belle ſaiſon ; mais quelquefois auſſi elles leur manquent de bonne heure , ou parce que l'été a été trop ſec, ou l'hiver trop doux.

Les marques auxquelles on connoît qu'une ruche manque de miel, ſont, 1°. la légéreté du panier ; 2°. la pareſſe ou plutôt la foiblesse des mouches qui entrent & qui sortent; 3°. le grand nombre de mouches mortes qu'on voit au trou ou auprès de la ruche. Il faut alors nourrir les mouches : pour ce faire , on mettra dans une assiette ou une petite écuelle de bois une livre de bon miel , qu'on couvrira d'une feuille de papier percée de petits trous , & soutenue de quelques brins de paille , afin que les Abeilles foibles puissent venir manger , sans courir risque de se noyer : on placera cette assiette dans les ruches à peu près à la hauteur des rayons : au lieu du miel pur , on peut leur donner du miel & du vin à parties égales , ou bien encore mêler avec le miel un peu de farine de feve ou de blé sarrasin , qu'on délayera avec de l'eau pour qu'il soit plus liquide : tous les huit jours on donnera aux Abeilles de la nouriture nouvelle.

Un économe intelligent nettoyera ses ruches au moins quatre fois l'an; au commencement & à la fin de l'hiver, & deux fois au mois d'avril, à cause des petits vers qui s'amassent alors sur le tablier. On leve doucement la ruche, on la renverse sur le côté, pour voir s'il n'y a pas quelques vers, teignes, ou

móififfure; s'il y en a, on lave avec précaution la place avec de l'urine ou du
vin falé, & on en frotte le tablier;
quand on y trouve de l'humidité on
l'enfume pendant deux ou trois jours de
fuite avec du linge, du thim & de la
melaffe : on fufpend, ou bien on pofe
la ruche fur cette fumée l'efpace d'un
miferere : cette fumée feche toute l'humidité, qui eft mortelle aux mouches,
fur-tout quand elle eft occafionnée par
de la pluie ou de la neige. Au mois
d'Octobre on a coutume de griller l'entrée des ruches avec un morceau de
fer blanc, d'ardoife ou de bois bien uni,
auquel on ne laiffe que quelques petits
trous ou dents en forme de dents de
fcie, affez larges pour qu'une mouche
puiffe paffer à chaque trou : on joint la
grille avec de la terre franche à l'entrée
de la ruche, afin de les garantir pendant
tout l'hiver des infultes des fouris, des
oifeaux, & des infectes; il faut auffi avoir
grand foin de tenir les ruches bien couvertes; & dans les grands froids, outre
leurs couvertures ordinaires, de leur
mettre des paillaffons, qu'on peut faire
avec de la paille, des rofeaux, des
genêts, &c., ou laiffer les bonnes ruches
dans les jardins pendant l'hiver. Pour

celles qui n'ont que très-peu de provisions, on les bouche tout à fait depuis le mois d'octobre ou de novembre, jusqu'au mois de mars ou d'avril, suivant la saison: on les enferme le plus souvent dans une chambre, serre ou orangerie: on les y tient bien enduites, de peur des souris. A l'ouverture de la saison, on les rapportera en leur ancienne place à l'entrée de la nuit; & alors, pour les fortifier contre l'air & le vent, on mettra sous chaque ruche, dans une assiette, une demi-livre de miel & un quarteron de sucre, qu'on retirera au bout de deux jours.

Les Abeilles ont un grand nombre d'ennemis qui les pillent, ou qui les détruisent; elles sont encore sujettes à quelques maladies, & exposées à divers accidens: c'est actuellement dans ce détail que nous allons entrer.

Il se trouve des mouches qui sont ennemies les unes des autres, & qui vont piller les ruches, quelquefois les détruire, en tuant celles qui les habitent, ou en les faisant déserter: ce sont pour l'ordinaire certaines mouches plus grosses que les autres, des mouches sauvages qui sont grises; les vieilles mouches, celles qui ont été chassées de leur panier, & les faux essaims, c'est-à-dire, ceux qui n'ont point de reine. Lorsqu'on s'apperçoit, sur-tout le soir, d'un grand nombre de mouches qui se tourmentent autour d'une ruche, c'est une marque qu'elle est au pillage. Les mouches pillardes sont aisées à connoître; elles ont le ventre gros & plein, comme s'il étoit gonflé de miel.

Pour remédier à ce désordre, on visitera ses ruches trois fois chaque jour, le matin, à midi, & le soir. Du moment qu'on s'apperçoit que quelqu'une est au pillage, il faut aussi-tôt l'enlever & la tenir dans un lieu bien fermé, afin que les larronnesses ne suivent plus leur proie : mais cela les garantit rarement, car elles y reviennent aux premieres chaleurs; c'est pourquoi bien des gens s'en défont sur le champ avec la fumée de souffre, pour sauver les restes du pillage. S'il y a quelques ruches où il y ait peu d'Abeilles & beaucoup de miel, pour empêcher que les autres ne viennent piller, il faut l'enduire extérieurement avec de la fiente de vache, n'y laisser qu'un petit trou, qu'on frotte avec de l'eau de vie & du plâtre battus ensemble; ensuite on la mettra à l'écart, jusqu'à ce que la saison du pillage soit passée, c'est-à-dire, jusqu'à la fin de mai.

Quant aux pillardes, pour empêcher qu'elles ne faſſent plus de dégât, & qu'elles ne ſe crevent elles-mêmes de miel, on les tient enfermées pendant deux ou trois jours, en mettant des pailles dans les trous de la grille, qu'on laiſſera à la porte de leurs ruches juſqu'à la fin du printemps; après quelques jours de priſon, pendant leſquels on fera bien de leur donner à manger, on les lâche ſans danger.

Les ſouris, les mulots, & les meſaraignes font la guerre aux mouches depuis la fin du mois d'août juſqu'au mois de mai, temps pendant lequel elles ſe retirent au haut de leur ruche : pour les en délivrer, on aura recours aux moyens ordinaires : cependant l'expédient le plus ſûr eſt de bien cimenter la ruche aux ſiéges, & d'en fermer l'entrée avec une grille.

Les papillons ſont encore des ennemis des Abeilles, ou, pour mieux dire, les vers & les teignes dont ils proviennent : on fait périr les vers & les teignes, en lavant le dehors des ruches & le tablier avec de l'urine trois ou quatre fois de ſuite : pour les teignes, elles ne ſe mettent que dans les vieux paniers : il n'y a d'autre parti à prendre pour s'en défendre, que de changer les mouches de panier, d'ôter le meilleur de l'ouvrage, & de brûler le reste.

Les guêpes & les frelons font encore un grand dégât chez les Abeilles ; ils attaquent communément les essaims de l'année, parce que ces essaims sont moins en état de se défendre : dès l'instant qu'on s'apperçoit de ce désordre, on bouchera la ruche avec de la terre détrempée ; on laissera seulement l'entrée principale : les mouches pourront alors facilement se défendre. Mais si on craint que la trop grande chaleur ne gâte l'ouvrage des essaims, on peut donner à la ruche une hausse fort mince. Au reste, on n'a pas encore trouvé de moyens d'empêcher les guêpes & les frelons d'entrer dans les ruches : c'est aux Abeilles mêmes à s'en défendre. Tout ce qu'on peut néanmoins faire de mieux, c'est de détruire les guêpieres : pour y parvenir, on mettra à l'entrée de leurs retraites, le soir ou le matin, avant qu'elles ne sortent, une poignée de verges ou d'osier mince, bien enduite de glu ; on frappera autour pour les faire sortir ; si elles ne se prennent pas toutes la premiere fois, on répétera cette manœuvre plusieurs jours de suite avec de nouveaux gluaux.

Les fourmis aiment le miel, mais elles ne font point tentées d'entrer dans les ruches, parce que les Abeilles leur donnent la chaſſe en les tuant. Quant aux araignées, il faut empêcher, autant que l'on peut, qu'elles ne bâtiſſent autour des ruches : pour les empêcher d'entrer dedans, il faut avoir ſoin de les enfumer & de les bien nettoyer.

Les vielles mouches ſont ſujettes à avoir une eſpece de poux rouge, un peu plus gros qu'un ciron, qui s'attache ſous leurs aîles & dans le duvet qui couvre leur corps, & les ſuce : cela ne leur arrive ordinairement que l'hiver : s'il y a quelque remede à ce mal, c'eſt d'arroſer le dedans des ruches avec de l'eau-de-vie, & de les enfumer trois ou quatre fois environ, deux minutes chaque fois.

Les punaiſes ſont auſſi de petits inſectes rouges qu'on voit par bandes dans les pays chauds, & qui ſe jettent dans les ruches, mangent les proviſions, & font déſerter les Abeilles. Il faut en uſer à leur égard comme pour les araignées & pour les poux, ou ſimplement leur abandonner une vieille ruche, dont on aura retiré tout l'ou-

vrage, à la réserve de quelques mauvais morceaux, qui les attireront tous,
& on les noyera.

Il faut avoir le plus grand soin d'é-
carter des mouches à miel les chevres,
les cochons, qui bouleversent les ruches,
mangent ou gâtent les fleurs ; mais il
n'y a guere moyen de les garantir des
moineaux & des hirondelles, qui les
prennent en volant, & les vont porter
à leurs petits.

Les mouches à miel sont exposées à
quelques maladies qu'il faut connoître
pour pouvoir y apporter remede ; par
exemple, au printemps, elles sont sujettes à un flux de ventre, qui est oc-
casionnée par le changement d'air & de
nourriture : elles se rendent à l'entrée de
la ruche, & on en trouve quantité de
mortes, qui ont le ventre fort petit
& fort raccourci. Pour y remédier, il
faut leur donner une demi-livre de sucre,
autant de bon miel, une chopine de
vin, & environ un quarteron de fine
fleur de farine de feves, le tout mêlé
ensemble. Ceux qui pensent que cela
peut venir de ce que les mouches ont
manqué pendant l'hiver de matiere de
cire, proposent de leur donner pour remede un rayon d'une autre ruche, dont

les alvéoles font remplis de cette matiere.

Il arrive quelquefois que les mouches,
qui d'ailleurs paroiſſent vigoureuſes, reviennent des champs ſans rien apporter,
qu'elles ſortent & qu'elles entrent en
héſitant & ſans faire de bruit; ce qui
marque qu'elles ſont foibles, parce
qu'elles ont ſouffert la faim & le froid
pendant l'hiver ; qu'elles ſont mal
ſituées, ou que leur ruche leur déplait :
on leur donne d'abord une demi-livre
de miel, autant de ſucre en poudre, &
un verre d'eau-de-vie. Après l'hiver,
on les enfumera avec du thin, du romarin, & du vieux linge : ſi tout cela
ne ſuffit pas, il faut les changer de
ruche : ce n'eſt pas ſeulement dans
cette ſaiſon qu'on eſt obligé d'avoir
recours à ce moyen ; il faut encore
l'employer toutes les fois qu'un panier
eſt uſé ou attaqué de vers, de teignes,
ou de moiſiſſure : pour ce faire, cinq
ou ſix jours après que le premier eſſaim
eſt ſorti, on prend une ruche neuve,
qui ait l'embouchure de la même largeur que la vieille, ou bien un peu plus
large ; on la met entre les bâtons d'une
chaiſe, l'embouchure en haut ; on prend
doucement la vieille ruche, on la met

par-deſſus

par-deſſus l'autre, & auſſi-tôt on enduit le tour de ces deux ruches d'une couche de terre détrempée avec de la bouſe de vache, & une ſerviette ou nappe par-deſſus, qu'on attache avec des cordes, de façon qu'il ne puiſſe plus ſortir aucune mouche : enſuite on retournera les ruches, mettant la neuve par-deſſus la vieille ; puis on frappe ſur le front & autour de la vieille, & lorſqu'on entend un bourdonnement dans la ruche neuve, c'eſt une marque qu'elles y ſont entrées. On la développe & on met la neuve en place ; enſuite on étend un drap à l'entrée de la ruche, on briſe la vieille, on en tire tous les rayons, on fait tomber ſur le drap toutes les Abeilles qui y étoient reſtées, & on emporte le miel & la ruche loin du rucher. On ne doit faire cette opération que le ſoir, quoique les Abeilles ſoient rentrées, ou le matin avant qu'elles ne ſortent. Le matin, au lever du ſoleil, toutes les mouches qui étoient reſtées ſur le drap, remonteront dans la ruche par le moyen d'une planche qu'on aura préparée à cet effet, dont un bout poſera à terre ſous le drap, l'autre ſur l'appui de la ruche, ou bien (& ce moyen eſt encore plus aiſé) on prend un ſceau, on poſe

B

deſſus une planche trouée, dont les trous ſoient aſſez petits pour que les mouches ne pûiſſent pas paſſer au travers; on met ſur cette planche la ruche qu'on veut vuider, au haut de laquelle on fait une ouverture un péu grande : on met la ruche ſur le trou ; après cela on jette dans le ſceau des tempons de linge en-flammés : la fumée montant par les trous de la planche, force les mouches à quit-ter les vieilles ruches & à paſſer dans les neuves : loſqu'elles y ſont paſſées, on procede comme ci-deſſus.

On a obſervé dans quélques pays, que, vers le commencement de Mai, il prend quelquefois à la plus grande partie des Abeilles une eſpece de ma-ladie mortelle, qui dure quelquefois juſqu'au 20 juin. Toutes celles qui en ſont affeſtées ſortent des ruches avec précipitation, tournént ſans ceſſe autour de ces mêmes ruches, & enfin, accablées de fatigue, elles vont ſe cacher dans un coin du jardin, où elles meurent : cette maladie peut être occaſionnée par quel-ques plantes vénimeuſes qui ſe trou-vent ſans doute en grand nombre dans ces contrées.

M. de Bellemare penſe que la fleur de tilleul eſt pernicieuſe pour les Abeilles,

& qu'elle leur caufe des maladies dont on les voit quelquefois perir : en effet, cet arbre fe trouve en fleur dans les mois de Mai ou de Juin, felon la précocité des faifons ; & la maladie de l'infecte, qui vient d'être rapportée, fe rencontre précifément dans le même temps : on pourroit l'attribuer à la nouriture que lui fournit la fleur du tilleul. Il paroît affez difficile de remédier à cet inconvénient, finon en écartant les Abeilles de ces fortes de plantes, jufqu'à ce qu'on ait trouvé le contraire dans quelques autres plantes, auxquelles l'Abeille donneroit la préférence. Quelques-uns prétendent que la fleur de faule brun, ou ofier, qui croît dans les lieux marécageux, & dont la fleur paroît dans le mois de mai, ainfi que la fleur du laurier, qui fe développe à peu près au temps de celle du tilleul, font contraires aux Abeilles. Nous allons rapporter ici la lifte des plantes qui conviennent aux Abeilles, & qui leur font nuifibles.

Un économe entendu ne doit rien négliger pour placer à la portée de fes ruches les plantes les plus propres pour fournir aux Abeilles leur nourriture & la matiere propre à conftruire leurs alvéoles. Il eft vrai que ces insectes vont quelquefois chercher bien loin leurs provisions ; mais par des courses trop éloignées, elles consomment nécessairement un temps qui leur est précieux, & ne peuvent par conséquent recueillir & travailler autant que si elles avoient dans leur voisinage tout ce qui leur est nécessaire : il leur faut d'ailleurs, quand elles sont forcées d'aller au lointain, un temps calme & serein ; le moindre vent avec la plus petite pluie en fait périr une infinité.

Parmi les plantes, il y en a plusieurs sur lesquelles les Abeilles recueillent leur cire ; elles mettent à contribution les étamines de la plupart des fleurs. On voit au printemps des especes d'essaims d'Abeilles sur les fleurs des plantes cruciferes, notamment sur celles du chou, de la roquette, de la moutarde, & du navet ; elles trouvent sur les fleurs de quoi faire cet approvisionnement abondant. Rien n'est préférable, dans la saison du printemps, pour les Abeilles, à des champs ensemencés de navette ; on les voit se vautrer sur les étamines de cette plante, en sucer avec avidité le suc, ce qu'elles font avec d'autant plus de plaisir, que c'est précisément dans un temps où la terre se trouve encore presque entièrement dénuée de fleurs : les pavots simples, qui ont un nombre infini d'étamines, font auffi pour elles des plantes très-délicieufes. Quelle fatisfaction ne reffent point un cultivateur, lorfqu'il voit les mouches à miel couvertes d'une pouffiere jaune, la raffembler avec leurs pattes en deux efpeces de petits ovales que ces infectes portent enfuite en forme de paniers à chaque côté d'elles ; mille fois j'ai admiré cette petite manœuvre fur les lis, dont les étamines ont de même leur pouffiere jaune : j'ai auffi obfervé les Abeilles pétrir leur cire fur les feuilles de l'olivier fauvage, connu fous le nom d'*elagnus*. Au rapport de Virgile, le thim eft une des plantes qui fournit la récolte la plus abondante aux Abeilles ; les faules & les grofeillers, dont les fleurs font très-printanieres, leur plaifent auffi beaucoup. Le merfault, autrement le fauffelange, efpece de faule, eft fur-tout l'arbre des fleurs duquel les Abeilles font les plus friandes : ces infectes réuffiffent à merveille dans les bois peuplés de ces arbres. Le genêt n'eft pas moins bon pour les mouches à miel ; elles tirent des fleurs de cet arbriffeau un miel excellent & de très-bon goût ; la bruyere leur founit auffi

B iij

du miel en abondance. On a toujours
obfervé que le voifinage des jardins potagers étoit en général avantageux pour
les Abeilles : elles s'attachent fouvent à
la rofe ; elles la préférent même à plufieurs autres plantes ; cependant elles y
ramaffent fort peu de miel ; mais auffi ,
en revanche, elles y ramaffent beaucoup de cire , fur - tout , lorfque la
fleur eft fimple ; fi on pouvoit toujours perpétuer la faifon des fleurs ,
en les faifant fuccéder les unes aux autres, on procureroit toujours aux Abeilles de la nourriture. Les plantes bul-
beufes paroiffent très-propres pour cet
effet ; on fera donc bien d'en planter
beaucoup, & dé différentes fortes, aux
environs de fon rucher. Une plante dont
la culture eft auffi très-avantageufe pour
les Abeilles, eft le fafran : on fera par
conféquent bien d'en planter beaucoup
à leur portée ; cette plante procurera un
double avantage : outre la récolte qu'on
fera de fes étamines, qui font fi recherchées dans le commerce, on procurera
encore à fes Abeilles une nourriture excellente : elles ramaffent fur cette plante
une grande quantité de miel d'une belle
couleur & d'un goût excellent ; c'eft
dans le nectar des fleurs, comme dans

des efpeces de réfervoirs, que fe trouve ordinairement ce qui fournit le miel aux Abeilles. La plupart des plantes papillionacées & labiées, font celles qui font ordinairemement pourvues de nectaire : auffi ces plantes font-elles recherchées par préférence par les mouches à miel. Lè jonc marin, le pois, la lavande, le tuffilage, le jafmin la ronce des haies, le cerifier, la jonquille, la tubéreufe, le farrafin, les groffes feves, la méliffe, le ferpolet, la marjolaine, la bourrache, le marum, la conyze, le melilot, le romarin, la fauge; l'origan, le fainfoin, la luferne, le chevrefeuille, l'aubépine, la vefce font des plantes qu'on ne peut affez multiplier pour elles. La fleur du tournefol leur eft auffi très-profitable, fur-tout dans l'arriére-faifon, lorfque la plupart des fleurs font paffées.

D'habiles obfervateurs ont remarqué que les Abeilles étoient très-avides des fleurs de tilleul; elles s'y gorgent même au point de contracter une diffenterie, qui deviendroit pour elles mortelle, fi la nature n'y avoit pourvu, en donnant à ces infectes l'inftinct d'y remédier. Les Abeilles fe tiennent, fur-tout dans la faifon de cette fleur, dans des endroits humectés d'urine; ce qui eſt pour elles un antidote. Le charme, ainſi que le tilleul, abondent en ſuc mielleux.

J'ai remarqué pluſieurs fois une liqueur ſemblable à celle du miel, qui s'épanche ſur le fond des fleurs, & même auſſi ſur les feuilles des plantes. Rien n'eſt plus commun que de voir au printemps des érables, des frênes, des peupliers, des mélezes, dont les feuilles ſe trouvent enduites d'un ſuc doux, qui y forme comme une couche de vernis luiſant; les Abeilles ramaſſent ce ſuc. La cheneviere bâtarde, autrement la verge d'or annuelle de Virginie, eſt une plante qui mérite encore d'être cultivée par rapport aux Abeilles, qui l'aiment éperdument. Il n'eſt pas douteux que nos différens arbres à fruits, qui ſe trouvent dans nos jardins, dans les bois & ailleurs, ne leur fourniſſent une nourriture mielleuſe. Les fleurs dont nos prairies ſont émaillées, & dont nos parterres ſont ornés, leur deviennent d'autant plus avantageuſes, qu'elles ſe ſuccedent ſouvent les unes aux autres : peut-être de toutes les plantes, il n'y en a aucune ſur laquelle l'Abeille faſſe une meilleure récolte que ſur le ſarraſin. M. Baſin prétend que ces inſectes ne trouvent preſque

point de nourriture fur le blé ; il eſt cependant obligé de convenir que les fleurs
de nos blés, même de toutes eſpeces,
de nos légumes, de nos arbres fruitiers,
donnent néanmoins un miel qui, quoique
moins agréable pour l'odeur, n'eſt pas
moins capable de nous fervir d'aliment
falutaire, que le miel des plantes aromatiques, ſi même, ajoute cet auteur,
il n'eſt pas meilleur. Le miel que les
Abeilles récoltent dans les pays les plus
gras, eſt le moins bon : il ſe trouve de
certaines terres maigres, dont les fruits,
le gibier, la volaille, & généralement
toutes les productions ſont d'un ſuc plus
fin & d'un goût plus relevé ; le miel y
eſt alors exquis. Telles font, par
exemple, les terres des environs de
Corbiere, à quelques lieues de Nar-
bonne, & une grande partie de la Champagne. Le miel de ces deux pays eſt le
plus eſtimé. On remarque encore, & c'eſt
d'après M. Pluche que je parle, une
choſe aſſez finguliere dans les cantons
de la Champagne qui ſont le long des
rivieres, & qui font plus gras que le
reſte ; c'eſt que les Abeilles qu'on y
éleve, font de longs voyages dans les
pays voiſins, & préferent les fleurs

B v

qu'elles trouvent dans les terres seches
& maigres, souvent même fort éloignées,
aux fleurs des pays où elles habitent :
aussi les voyons-nous tous les jours sortir de nos jardins, traverser les prairies,
mépriser, pour ainsi dire, l'huile & la
graisse de nos vallées, pour gagner les
monts & les plaines arides, où elles
trouvent, même le long des chemins
secs & sabloneux, du thim, de la lavande, du serpolet, de la marjolaine,
du sarrasin, & plusieurs autres plantes
peu nourries, mais dont la seve est plus
délicate : plus un pays est aride & abondé
en plantes aromatiques, meilleur est le
miel que nous fournissent les Abeilles
qui l'habitent. Si on veut élever dans
un canton beaucoup d'Abeilles, il faut
avoir soin d'y multiplier les plantes aromatiques. On semera en différentes saisons, aux environs des ruches, des
feves, du sarrasin, de la navette, &
d'autres plantes ; en sorte qu'à mesure
que les unes sortiront de terre, d'autres
y entrent. J'ai vu dans le jardin d'un
fameux Agriculteur, une quantité de
mélisses & de grosses feves de marais ;
il se servoit des feuilles fraîches de ces
deux plantes pour frotter les ruches qu'il

deſtinoit aux jeunes eſſaims : l'odeur de ces plantes leur rendoit leur nouvelle habitation plus agréable.

Les Egyptiens chargent leurs ruches ſur des bateaux, & les conduiſent le long des rivieres du Nil, pour que les Abeilles y jouiſſent ſucceſſivement des fleurs, à meſure que la ſaiſon, plus ou moins avancée, devient favorable pour un canton, après avoir épuiſé celui qui le précédoit : ce voyage dure trois mois, pendant leſquels la partie d'Egypte d'où on les embarque eſt dans un état d'épuiſement ou d'aridité. M. Maillet, en parlant de l'Egypte, donne la deſcription de cette ingénieuſe pratique des Egyptiens pour les Abeilles.

Il y a auſſi une ſaiſon où les riverains du Pô voiturent ſur ce fleuve leurs ruches juſqu'aux pieds des montagnes du Piémont. On dit que ces voyages par eau ſont auſſi d'uſage à la Chine. Tel eſt l'avantage d'être voiſin d'une grande riviere ; on peut par ce moyen réunir en faveur des Abeilles le printemps d'un pays ſec avec l'automne d'un pays gras & ombragé, & ſuppléer abondamment à la diſette naturelle du canton qu'on habite.

Au défaut de navigation, on peut

encore faire voyager par terre ſes Abeilles. Nous liſons dans Columelle, que les
Grecs de l'Achaïe voituroient ainſi les
leurs en Afrique, où la ſaiſon des fleurs
eſt tardive. On aſſure que certains Habitans du pays de Juliers ont adopté
le même uſage, pour que leurs mouches
euſſent à diſcrétion des herbes odoriférantes des montagnes. M. de Reaumur
a éterniſé dans ſes écrits immortels l'ha-
bileté avec laquelle feu le ſieur Ponteau
ſavoit entretenir parfaitement une mul-
titude de ruches aux dépens des provinces voiſines du Gatinois, où étoit ſa
réſidence, dans le voiſinage de Pi-
thiviers. Ce canton ſe trouvoit-il peu
diſpoſé à fournir une abondante récolte
aux Abeilles de cet économe attentif?
il les tranſportoit dans la Sologne, où
elles trouvoient beaucoup de ſarraſin
en fleurs, depuis le commencement du
mois d'août juſques ſur la fin de Septembre. La plupart des habitans du pays
ont retenu de cet économe l'uſage de
continuer de faire en petit ce qu'il exé-
cutoit en grand: Les fleurs nuiſibles aux
Abeilles ſont celles de l'orme & du nar-
ciſſe: dès les premiers jours du printemps
& à leur premiere ſortie, elles ſe jettent
avec avidité ſur ces fleurs; ce qui leur

occasionne aussi-tôt des maladies qui les font périr. Le sureau, l'arroche puant, le cornouiller sanguin, le laureole des bois, & sur-tout l'apocin, sont pour les Abeilles des plantes encore plus funestes que les précédentes : lorsqu'elles se trouvent empoisonnées par le suc de ces plantes, il faut leur donner à l'instant de la terre du Japon, mêlée avec un peu de miel ; on a éprouvé que ce remede les guérissoit. Si on veut donc élever des Abeilles, on fera bien d'éloigner ces plantes de leur voisinage. Les fleurs de tithimale sont aussi fort à craindre pour les mouches à miel ; on peut encore mettre dans la classe des plantes vénéneuses pour ces insectes, la fleur d'ellébore. Toutes ces fleurs, de même que celles de l'orme & du tilleul, leur occasionnent le flux. M. Simon donne alors l'urine comme spécifique, ainsi que nous l'avons déjà observé. Suivant plusieurs observations bien constatées, on est très-assuré que les Abeilles déperissent dans les cantons où l'ormeau se trouve trop multiplié. Il n'y a point de fleurs semblables à celles du sureau & de la rhue pour empoisonner les Abeilles. Les odeurs fortes & puantes, comme celles d'ail, de matricaire, de sabine, d'ar-

moife, leur déplaifent auffi beaucoup.
Lorfque les jeunes Abeilles font trop pa-
reffeufes pour quitter la mere ruche, &
que les jeunes effaims s'affemblent en peloton autour de la vieille ruche, plutôt que
de la quitter, on fait rentrer les mouches
le foir dans la mere ruche par le moyen
de la fumée; enfuite on frotte avec de
la rhue, des aulx, de la fabine, de la
matricaire, les environs de la ruche où
les jeunes Abeilles ont coutume de fe
placer; l'odeur forte de ces plantes les
éloigne de ce lieu pour le lendemain,
& ne pouvant contenir dans la mere
ruche, les jeunes Abeilles font pour
lors forcées de la quitter; on eft fûr
d'avoir un effaim : auffi-tôt que l'effaim
eft forti de la ruche, on frotte les environs avec la méliffe & toutes fortes
de bonnes herbes aromatiques.

Les Abeilles font peu de diftinction
entre les plantes qui peuvent avoir des
effets nuifibles par rapport à l'homme;
il leur fuffit d'y trouver la matiere de
leur récolte. Vraifemblablement certains
fucs, dont nous n'avalons pas le miel,
ne caufent aucune altération dans l'état
des Abeilles. M. Bafin foupçonne que la
jufquiame, les tithymales, la ciguë, & autres plantes dont le fuc eft reconnu pour

dangereux, peuvent communiquer leur
malignité au miel qui en seroit extrait.
Dioscoride, Pline, Xenophon, Diodore de Sicile, & le P. Lambert, Mis-
sionnaire Théatin, parlent des effets per-
nicieux de certains miels de la Grece:
leurs observations, comparées avec les
connoissances de la Botanique & avec
les opinions vulgaires, ont donné lieu
à M. de Tournefort d'en attribuer la
cause au suc de certaines especes de lau-
riers roses mis à contribution par les
Abeilles.

Il y a des années, dit Pline, que le
miel est très-dangereux autour d'Hé-
raclée, du Pont: les Anciens n'ont pas
connu de qu'elle fleur les Abeilles le
tiroient. Voici ce que nous en savons.
Il y a une plante dans ce quartier, appelée *ægolithron*, dont les fleurs, dans
les printemps humides, acquierent une
qualité très-dangereuse, lorsqu'elles se
flétrissent. Le miel que les Abeilles en
font est plus liquide que l'ordinaire, plus
pesant, & plus rouge. Son odeur fait
éternuer. Ceux qui en ont mangé suent
terriblement, se couchent à terre, & ne
demandent que des rafraîchissemens. On
trouve sur les mêmes côtes du Pont une
autre sorte de miel qui est nommé

mænomenon, parce qu'il rend infenfés ceux qui en mangent; on croit que les Abeilles l'amaffent fur les fleurs du *rhodendros*, qui s'y trouvent communément dans les forêts.

M. de Tournefort, dans fon voyage du Levant, prétend que la plante que Pline nomme *ægolehtron*, eft cette efpece de *chamarodendros Pontica maxima*, *mefpili folio flore lutto. Tourn. coroll.* 42, & que celle à laquelle Pline donne le nom de *rhodendros*, eft le *chamærodendros Pontica maxima*, *foliis laurocerafi, flore cæruleo purpurafcente. Turn. cor.* 42.

Quand l'armée des dix mille approcha de Trébifonde, il arriva aux foldats un accident fort étrange, pour avoir mangé du miel qui fe trouvoit dans le pays, & qui caufa parmi eux une grande confternation, fuivant le rapport de Xénophon, qui en étoit un des principaux chefs. Diodore de Sicile parle auffi de cet accident. Il y a toute apparence, dit Tournefort, que le miel avoit été fucé fur quelques-unes des fleurs du Chamærodendros, dont les environs de Trébifonde font très-garnis.

Le propolis eft une fubftance brune, noire, rouge, verte ou jaune, felon les endroits d'où elle vient; elle fert aux

'Abeilles d'enduit pour boucher les plus petites ouvertures qui se trouvent à leur ruche. Le sentiment le mieux reçu à l'occasion du propolis, c'est de penser que les Abeilles trouvent cette matiere dans l'espece de résine que fournissent les sapins, les ifs, diverses écorces, les jeunes bourjons des peupliers, des saules, & de plusieurs autres arbres, avant qu'ils soient épanouis : on prétend que l'if n'est pas favorable aux Abeilles.

On met souvent sous les ruches des hausses ; ce sont des paniers faits des mêmes matériaux que les ruches : ces paniers sont aussi larges par un bout que par l'autre ; on les adapte si bien aux ruches, qu'il ne peut s'y trouver aucun jour, & que rien ne peut passer à l'endroit de leur jonction : ces hausses ont non seulement l'avantage d'augmenter les récoltes du miel & de la cire, mais encore de multiplier considérablement les mouches, d'empêcher que les ruches foibles ne jettent leurs essaims, & de remédier à la paresse des meres mouches qui négligent leur travail & se laissent piller, lorsqu'elles voyent leurs ruches pleines de bonne heure : mais il ne faut point donner de hausses que la ruche ne soit pleine d'ouvrage à deux ou trois doigts du bas, ou qu'elle ne ſoit trop pleine de mouches : quand on veut mettre une hauſſe à la ruche, il faut commencer par l'enfoncer, pour empêcher les mouches de ſortir & pour ſe garantir des piqûres.

Nous connoiſſons trois Auteurs qui ont fait une infinité d'obſervations très-intéreſſantes, & d'après l'expérience, ſur les Abeilles ; ces obſervations ſont trop intéreſſantes pour ne pas les conſigner dans cet ouvrage : nous allons donc rapporter ici l'extrait des œuvres importantes de MM. Palteau, Ducarne de Blangy & de Boisjugan, ſur les mouches à miel. Nous commencerons d'abord par l'ouvrage de M. Palteau.

Les Abeilles, dit-il, ſont de trois eſpeces, ainſi que nous l'avons nous-même obſervé plus haut, les reines ou femelles, les faux bourdons, & les communes ou ouvrieres. Nous avons donné la deſcription des Abeilles ouvrieres ; ainſi nous nous contenterons ſeulement de décrire les Abeilles reines & les faux bourdons. L'Abeille reine eſt plus groſſe que les Abeilles ordinaires ; elle eſt auſſi plus grande & plus longue que les faux bourdons, mais moins groſſe. Sa tête eſt alongée, & ſes aîles ſont très-courtes par rapport à son corps, dont elles ne contiennent gueres que la moitié, au lieu que celles des autres Abeilles couvrent leur corps en entier. Elle a un aiguillon plus long que celui des autres Abeilles; il est recourbé; la blessure en est profonde & aussi venimeuse que celle des ouvrieres; mais elle s'en sert rarement, étant très-lente à s'irriter.

Les bourdons sont moins grands que la reine & plus grands que les ouvrieres: leur tête est ronde; ils n'ont ni aiguillons, ni paillettes, ni dents saillantes: leurs dents sont petites, plates & cachées; leur trompe est aussi plus courte & plus déliée; mais leurs yeux sont plus gros & plus grands que ceux des Abeilles ordinaires; ils couvrent tout le dessus de la partie supérieure de leur tête, au lieu que les yeux des autres forment simplement une espece de bourrelet de chaque côté: ils habitent continuellement les ruches, n'en sortent que pour prendre l'air, & leur sort est d'être exterminés par les ouvrieres, lorsqu'ils deviennent inutiles à la petite république.

Une seule mere suffit pour une ruche, où elle est l'unique femelle; & c'est de sa fécondité que dépend la multiplication

de l'efpece. Cette fécondité eft telle,
qu'en fix femaines elle pond dix ou douze
mille œufs, & dans le cours de l'année
trente-cinq à quarante mille; car, excepté l'hiver, tous les temps lui font
propres : le printemps toutefois eft la
faifon principale. Lorfqu'elles ont pondu,
elles fe font accompagner par nombre
d'ouvrieres qui la fervent & lui rendent
toutes fortes de foins; la reine met d'a-
bord la tête dans une alvéole, ainfi que
nous l'avons dit plus haut, pour voir
fi elle convient aux œufs qu'elle doit y
dépofer : en ce cas, elle reffort, & y revient à reculons; elle y refte quelques
inftans; & fa ponte étant faite, elle fort
pour paffer à une autre cellule. Les premiers œufs qui fortent font ceux des
ouvrieres, puis ceux des bourdons, &
enfin ceux des reines ou meres. Comme
les trois efpeces font différentes, tant
par la figure que pour le nombre, les
alvéoles ou cellules font auffi de différentes grandeurs : au refte, quoique les
reines pondent ordinairement trois ou
quatre œufs femelles, & quelquefois
quinze ou vingt, les Abeilles n'en
fouffrent jamais qu'une dans une ruche, & toutes les autres font impi-
toyablement maffacrées. Leur attache-

ment pour celle qu'elles se réservent est tel, que si elle vient à périr par quelque accident, toutes se disperfent, font tuées par leurs ennemis, ou en meurent de chagrin; & si la fantaisie lui prend de changer de demeure, toutes la suivent: de même que la reine ne fort jamais de la ruche que pour prendre l'air, les bourdons, qui font les mâles, se gardent bien de s'en éloigner, ne s'expofent au dehors que quand l'air a acquis un certain degré de chaleur, en rentrant avant la premiere fraîcheur du foir; ils vivent, fans rien faire, du travail des ouvrieres: mais dès que la reine est entierement fécondée, ce qui arrive vers la fin de juillet, les Abeilles ouvrieres se hâtent de les détruire.

La construction des alvéoles ou cellules, le foin des œufs & des vermiffeaux, l'emploi de la cire & l'emplacement du miel, font les grandes & importantes occupations des Abeilles; les autres ne fervent qu'à entretenir la propreté & à défendre leurs provifions ou leurs domiciles.

La premiere attention des Abeilles est de se fournir de propolis, & d'en induire exactement leur demeure, afin de se préfserver des infectes qui pourroient s'y introduire, de l'humidité, & des vents coulis. Cette premiere opération faite, elles travaillent à faire de la cire, dont on doit diſtinguer de deux ſortes, la brute & la parfaite ; la premiere eſt cette pouſſiere des étamines, qu'elles ramaſſent ſur les fleurs, qu'elles mettent en petites pelottes, & qu'elles rapportent preſque toujours à la ruche. La ſeconde eſt cette même pouſſiere en pelottes, qu'elles avalent, dégorgent, & rendent par la bouche en liqueur parfaitement blanche, dont elles conſtruiſent leurs cellules, parce qu'elle prend auſſi-tôt la conſiſtance néceſſaire. La cire eſt originairement blanche ; c'eſt de la chaleur de la ruche qu'elle reçoit la couleur jaune, & quelquefois brune, qu'on lui remarque.

Le miel eſt un ſuc digéré & affiné dans les canaux des plantes, & un écoulement qui s'échappe & tranſude par leurs pores, & qui s'épaiſſit ſur les fleurs. La pluie, la roſée même lui ſont abſolument contraires ; car quoique les Abeilles paroiſſent alors ramaſſer avec avidité le ſuc plus abondant par le mélange d'une eau étrangere, on ne tarde pas à reconnoître, par l'engourdiſſement & le dévoiement dont elles ſont attaquées, combien il est altéré : lorsque le suc est trouvé en petite quantité, il est vraisemblable que l'Abeille, pénétrant au fond de la fleur, coupe avec ses dents & ouvre les petites vessies qui le contiennent, ainsi qu'elle entame les étamines, lorsqu'elle souffre une disette de poussière. L'Abeille s'étant remplie de tout ce qu'elle peut contenir de suc, retourne à sa ruche, pour le dégorger dans l'alvéole destiné à cet usage. Le temps du chemin suffit pour le digérer, en lui donnant un corps qu'il n'avoit point : aussi, quoique le gâteau pendant du sommet de la ruche, mette les alvéoles dans la position d'un pot couché sur le côté & un peu incliné, cependant le miel ne s'en écoule point, soit que la couche extérieure s'endurcisse à l'instant, soit que l'Abeille répande par - dessus quelque gomme que l'on ne connoît point encore. Presque toutes les alvéoles sont occupés par les œufs, ou bien par le miel ou la cire. On demandera sans doute où les Abeilles se retirent pour se reposer ; elles s'accrochent par les pattes les unes aux autres, & se tiennent suspendues aux gâteaux, pendant l'hiver, en forme de guirlande à travers la ruche, & l'été par pelotons

& difperfées ; ce qu'elles font pour augmenter & conferver la chaleur, en fe
réuniffant, ou pour la tempérer, en fe
féparant ; car on a remarqué que, dans
la belle faifon, la chaleur d'une ruche
furpaffe de deux ou trois degrés celle
de nos étés les plus chauds.

Nous avons dit que la reine pondoit
pendant toute l'année, excepté en hiver ;
on peut bien s'imaginer que dans cette
faifon les œufs ne peuvent éclore : en
effet, la ponte de Septembre fe conferve
jufqu'au printemps. Dans un temps
chaud, deux ou trois jours fuffifent
pour faire éclore les œufs qui fe changent
en vermiffeaux. On diftingue trois âges
dans ces petits vers, par rapport à leur
différente nourriture ; elle eft, dans le
premier âge, une boullie blanche & infipide, comme de la farine détrempée
dans de l'eau ; dans le fecond, c'eft une
gelée jaunâtre & quelquefois verte, qui
a un peu de fucre & de miel ; dans le
troifieme, le goût du fucre eft mêlé
d'acide. Les vers, en fortant de l'œuf,
trouvent leur premiere nourriture toute
prête ; mais comme ils ne peuvent en
avoir une provifion fuffifante, & que
l'on voit les Abeilles vifiter fouvent les
alvéoles, dans lefquels elles fourent la
tête,

tête, sans qu'on ait pu démêler ce qu'elles y font ; on présume qu'elles vont porter aux vers la bouillie ou la gelée dont ils ont besoin, selon qu'il convient à leur âge : nous ne parlons ici qu'après M. Palteau. L'économie la plus exacte préside à la distribution de la nourriture, & les vers n'ont jamais rien de trop, si ce n'est ceux qui doivent être un jour reines ou meres ; on n'épargne rien à ceux-là, & il se trouve toujours du superflu dans leurs alvéoles. En moins de cinq ou six jours, dans le beau temps, le ver prend accroissement, parce qu'il conservoit toute sa nourriture en sa propre substance, sans rendre aucun excrément. Alors on ne lui fournit plus rien, & les ouvrieres ferment l'alvéole avec la cire. Le ver tapisse intérieurement sa cellule avec un fil de soie, & se change successivement en nymphe, & ensuite en Abeille parfaite ; c'est pour lors que ce nouvel insecte sort de sa prison, & force la cloison qui lui a servi de berceau : personne ne l'aide dans ce travail qui lui coûte souvent la vie. Les jeunes Abeilles qui n'ont pas péri, & qui se sont fait jour, se promenent sur les gâteaux, où les ouvrieres leur donnent du miel à manger,

les lechent & les aident à se lécher ;
car elles sortent toutes mouillées de leur
vêtement de nymphes ; quand leurs ailes
se sont décolées, elles volent & se promenent dans la ruche ; elles suivent les
ouvrieres aux champs : enfin, la troupe
des jeunes Abeilles devenant très-grosse
& augmentant extrêmement la chaleur
de la ruche, la séparation devient nécessaire, & l'essaim se dispose à aller
former ailleurs son établissement. On reconnoît à plusieurs signes qu'une ruche
est prête à essaimer. 1°. Lorsqu'on voit
les faux bourdons sortir de la ruche vers
les deux ou trois heures après midi,
& faire du bruit à la porte, c'est une
marque que l'essaim sortira dans quelques
jours ; car les bourdons ayant été exterminés dès la fin de juillet de l'année
précédente, ceux-ci sont de nouveaux
nés. 2°. On attend l'essaim dans deux ou
trois jours, lorsqu'en levant la ruche,
on la voit si pleine de mouches, qu'elles
se tiennent par pelotons. 3°. Lorsqu'on
entend le soir un bourdonnement & des
sons clairs & aigus, on peut être assuré
que le lendemain on aura un essaim.
4°. On peut compter sur un essaim dans
la journée, lorsqu'on voit les mouches
oisives, aller en petit nombre aux

champs, fortir & rentrer de meilleure heure qu'à l'ordinaire : enfin, lorfque le bourdonnement qu'on a entendu la veille, & qui augmente tous les jours jufqu'au moment du départ, ceffe tout à coup pour faire place à un profond filence, on doit être certain que l'effaim ne tardera pas à fortir.

Le profit le plus grand & le plus affuré d'une ruche confifte dans fes ef-faims ; il eft donc effentiel de veiller férieufement fur le moment de leur départ, afin de les recueillir au plus vîte. Ce foin continuel dure depuis la mi-Mai jufqu'à la mi-Juin ; les effaims fortent ordinairement depuis les dix heures du matin jufqu'à trois heures après midi. Tous les effaims ne font pas profitables, on doit être content d'une ruche qui en donne deux bons : les plus foibles ne reuffiffent point ; la ruche elle-même fe dégrade. Le feul moyen de prévenir ce malheur, c'eft d'empêcher les ruches d'effaimer.

C'eft ici où les nouvelles ruches, dit M. Palteau, font bien avantageufes par leur conftruction, dont nous allons rap-porter le détail. On augmente & on diminue à fon gré la hauteur de la ruche ; le caprice ne doit point guider en ceci, mais uniquement la commodité des Abeilles : font-elles en petit nombre ? baiffez la ruche ; font - elles en grande quantité ? elevez-la. Ainfi, comme c'eft la trop grande chaleur qui preffe l'effaim de fortir, en élevant la ruche, & par conféquent en lui donnant de l'air, on l'empêchera d'effaimer ; & on la confervera dans un état de vigueur, parce que la jeuneffe qui lui reftera remplacera les Abeilles qui auront péri par divers accidens : cet expédient toutefois n'eft point abfolument infaillible ; avant d'aller plus avant dans l'expofition du traité de M. Palteau, il faut préalablement rapporter la conftruction de fes ruches, fur laquelle eft fondée fa méthode.

Les nouvelles ruches font compofées d'une table ayant trois pieds, de plufieurs pieces plates & carrées, qu'il nomme hauffes, & d'une boîte carrée, qui n'a qu'un fond, qu'on appelle furtout, & dont la deftination eft de couvrir & envelopper exactement les hauffes.

Les pieds de la table, qui font au nombre de trois, font difpofés en triangle, & ont deux pieds deux ou trois pouces de longueur, un pardevant, & l'autre fur le derriere ; ils entrent d'un pied en terre ; ainfi la tête eft élevée au-deffus

du terrain de la hauteur de quatorze
ou quinze pouces ; elle est, comme les
pieds qui la soutiennent, de bois de
chêne, longue en sa face de dix-neuf
pouces quatre lignes, large sur le côté
de quinze pouces quatre lignes, & épaisse
d'un pouce & demi. Dans le milieu de
sa face extérieure, vis-à-vis l'ouverture
ménagée pour l'entrée & la sortie des
Abeilles dans la ruche, elle a un montant de quatre pouces de longueur dans
sa partie supérieure, & de six pouces
dans sa partie inférieure, qui s'unit à
la table ; sa hauteur est de six lignes,
& le montant sert à faciliter aux Abeilles
l'entrée de la ruche.

Au milieu de la table est une éléva-
tion de treize pouces huit lignes en
carré, sur dix lignes de hauteur. La
ruche se pose sur cette plate-forme,
dont l'utilité consiste à préserver les
Abeilles de l'humidité & de la pluie,
qui quelquefois inondent les bords de
la table. Cette plate-forme est percée
au milieu par un trou de huit pouces
en carré, qui sert à réchauffer les Abeilles, en mettant dessous une terrine pleine
de cendres chaudes, & à leur donner
à manger dans les mauvaises saisons,
comme à leur procurer de l'air en été:

C iij

la table eſt poſée vis à-vis de ce trou;
mais ſon ouverture eſt fermée par une
planche, appelée tiroir, que l'on tire
& replace facilement, au moyen de deux
couliſſes dans leſquelles elle eſt en-
gorgée. Ce tiroir eſt encore percé de
huit pouces en carré, vis-à vis des deux
ouvertures ſupérieures, & ce dernier
trou ſe ferme dans l'été avec une plaque
de fer blanc troué, qui laiſſe paſſer aſſez
d'air pour rafraîchir les Abeilles; &
dans l'hiver avec une plaque pleine de
la même matiere, qui les défend du
froid, & reçoit avec le tiroir les ordures de la ruche, que l'on nettoye
avec une aîle d'oye. Dans les deux rebords de la table il y a de chaque côté
une entaille ou mortaiſe pour recevoir
les crampons du ſurtout : on peut peindre
à l'huile la table & les pieds, afin de
les faire durer plus long-temps.

La hauſſe eſt ce qui ferme proprement
la ruche ; c'eſt une eſpece de tiroir dont
le fond eſt vuide en partie, de forme
carrée ; ce qui reſte du fond eſt percé
de pluſieurs petits trous capables de
laiſſer paſſer une Abeille; ſes dimenſions ſont d'un pied de chaque côté,
ſur trois pouces de hauteur, & le vuide
eſt de ſept pouces & demi en carré;

ainsi il ne reste de fond de chaque côté que deux pouces trois lignes ; sur la face du devant on remarque une échancrure ; elle a douze lignes de hauteur, quinze de largeur dans sa base, & onze dans son sommet : c'est par là que les Abeilles entrent dans la ruche & en sortent. Chaque hausse a deux crochets, afin qu'on puisse les lier ensemble, lorsqu'on les met les unes sur les autres, ce que l'on fait avec un fil de fer que l'on tortille avec des pinces. Les côtés de la hausse sont assurés par une petite barre de fer de six lignes de largeur, placée à fleur des bords ; chaque hausse a aussi une moulure, au moyen de laquelle l'une s'emboîte dans l'autre. Cette piece doit être faite de bois de pin, ou tout au moins de sapin.

Lorsqu'on veut dresser une ruche, on place une hausse sur la plate-forme de la table, ayant son fond en haut ; sur cette premiere on en place une seconde, puis une troisieme, & enfin, si l'on veut, une quatrieme : on les empaille ; & afin de clorre les jointures avec toute l'exactitude possible, on remplit les moulures de pourjet ; on assure les hausses avec du fil de fer ; on ferme les trous des hausses supérieures avec un

C iv

morceau de liége parfaitement adapté ; celles de la hauffe inférieure reftent feules ouvertes : le fond de la hauffe fupérieure, qui termine la ruche, eft couvert, dans fa partie vuide, par une planche taillée exprès, & dans fa partie pleine eft trouée par des planchettes. Le tout eft affuré par deux fils d'archal en croix, que l'on fait ferrer par de petits coins que l'on chaffe au-deffous entre le fil & les planchettes, afin de donner au tout la folidité néceffaire.

La ruche étant ainfi édifiée, on la couvre de fon furtout. Le furtout eft une caiffe que l'on fait de bois de fapin, ou de tout autre bois léger, que l'on peut peindre en huile par dehors, afin qu'elle puiffe mieux réfifter à la pluie, Il eft bon de lui donner, ainfi qu'à la table, une couleur de paille. Sa largeur eft de treize pouces huit lignes en carré, fa hauteur par devant de vingt-quatre pouces, & de vingt feulement par-derriere, afin que fon fond ayant une pente de quatre pouces, favorife l'écoulement de l'eau qui ne peut plus y féjourner. Il eft garni de deux cram-pons qui entrent dans deux entailles de la table jufqu'à moitié de fa profondeur, & y font arrêtés par deux goupilles que l'on introduit par le côté de la table dans son épaisseur : ainsi tout est solidement attaché l'un à l'autre, & les vents les plus violents ne peuvent rien déranger. Le surtout enveloppe exactement la ruche, laissant tout autour entre elle & lui un espace de six lignes.

Le surtout, vers le bas de sa face, à une ouverture que l'on couvre avec un rond de fer-blanc, attaché précisément au-dessus par un clou qui en occupe le contour. Ce rond ou cadran est assez mobile pour tourner, comme on veut, assez près du surtout, pour ne laisser à l'air aucun passage : il a quatre pouces de diametre, & est divisé en quatre parties ; la premiere est évuidée vers le bord, & forme cinq petites avances de quatre lignes de hauteur chacune, sur quatre pouces de largeur : elle est destinée à donner quelques passages aux Abeilles, dans le temps où l'on ne juge pas à propos de les laisser sortir en grand nombre. La seconde est pleine de petits trous, pour donner de l'air à la ruche, sans qu'aucune mouche puisse en sortir. La troisieme est vuide, & laisse un libre passage aux Abeilles. La quatrieme, entierement pleine, leur défend

C v

l'air & la fortie dans les grands froids.
Il eft garni d'un anneau qui fert à tourner le cadran. Ainfi, en tournant & gou-
vernant le cadran avec fageffe, on confervera fes mouches, que fouvent trop
d'ardeur emporte dans les temps qui leur
font contraires ; & on préfervera les ruches du pillage des guêpes, frelons, &
autres infectes. Leur pofition fur une
table qui déborde fuffifamment fes
pieds, les met encore à l'abri des fouris,
mulots, & des limaçons ; & enfin les ma-
raudeurs, qui dans la nuit vont dérober
des ruches, ne peuvent emporter celles-
ci, qui, par la liaifon de leurs parties,
doivent être cenfées attachées à la terre :
liaifon que l'on peut encore augmenter
facilement, en trouvant le moyen de
mettre un cadenas à la goupille qui attache le furtout à la table.

La ruche ainfi décrite, voyons com-
ment on s'y prend pour y faire entrer
des effaims. Les effaims, affez communément, en fortant de la ruche, s'attachent à une branche du premier arbre
qu'ils rencontrent ; quelquefois ils prennent le large, s'écartent hors de la portée
de la vue, & font perdus. C'eft pour
prévenir cet accident, qu'on a coutume
de faire du bruit avec des poëles, poë-

lons, & de jeter de la pouſſiere dans l'air. L'eſſaim croit alors qu'un orage s'approche, & de peur d'en être emporté, il s'attache à un arbre : mais ce ſecret n'eſt point infaillible; & il paroît plus ſûr à M. Palteau de faire tomber de l'eau en forme de pluie. Il ſe ſert pour cela d'un arroſoir dont le corps eſt de la forme d'une écritoire qui auroit un cornet oblong; une ſeringue pourroit faire le même ſervice, & ſeroit plus commode.

Lorſque l'eſſaim eſt poſé, on tend ſous lui une ruche toute préparée, & on le fait tomber dedans, en ſecouant fortement la branche. Pour tendre les nouvelles ruches, M. Palteau a imaginé une machine qu'il nomme baſcule; c'eſt un cadre de fer capable de contenir une ruche, ſemblable à un ſallot emmanché d'un bâton qui fait la baſcule ; il eſt garni dans ſon fond de deux fils de fer qui ſe croiſent & ſervent à contenir la ruche. L'effet de la baſcule eſt de tenir toujours la ruche dans une poſition perpendiculaire. On fait entrer l'eſſaim le plus avant que l'on peut dans la ruche, en l'élevant : ainſi il eſt à propos d'avoir des manches de baſcule de dif-

férentes grandeurs. Ce n'eſt point aſſez
de ramaſſer le gros eſſaim, il eſt ſouvent
entouré de petits détachemens qu'il eſt
d'autant plus eſſentiel de réunir à leur
corps , que quelquefois la reine s'y
trouve : ſans elle , n'eſperez point que
les mouches reſtent dans la ruche. On
prépare différemment les ruches pour
recevoir les eſſaims. La meilleure façon
eſt de les bien frotter avec des feuilles
de groſſes feves ou de meliſſe.

L'eſſaim étant tombé dans la ruche,
on la renverſe doucement & promptement ſur un van, & on la couvre d'un
drap étendu ſur des piquets plantés en
terre, ou bien de branches d'arbres
avec leurs feuilles, afin de les garantir
de la chaleur ; car il ne faudroit qu'un
coup de ſoleil pour faire déſerter les
mouches : au bout d'un quart-d'heure
ou d'une demi heure, on porte l'eſſaim
ſur la table qui lui eſt deſtinée. Pour
manier une ruche, quelque bien attachée qu'elle paroiſſe être , M. Palteau
ſe ſert d'une courroie avec la boucle ;
il en ceint fortement la ruche par le
milieu de ſa hauteur ; & deux mains
dont cette courroie eſt garnie, le mettent en état de porter ſa ruche où il

veut, sans lui faire éprouver aucun mouvement rude, capable d'effrayer les Abeilles & de les effaroucher.

Lorsqu'une ruche a essaimé, on regarde, en la baissant doucement par derriere, si les mouches par pelotons promettent encore un essaim. Il leur arrive assez souvent, quand elles sont fortes, d'en jeter deux ou trois, & même plus. Ce n'est point absolument un avantage; les seconds essaims sont souvent foibles, & les troisiemes le sont toujours. Pour les empêcher, le plus qu'il est possible, de sortir & mettre les mouches à l'aise, il convient d'ajouter par-dessous une hausse à la ruche. Que chaque ruche donne un bon essaim & bien peuplée; le bon sens dit, avec M. Palteau, que le profit est assez grand.

Les meilleurs essaims pesent six livres, les bons cinq, les médiocres quatre; au dessus de six ils sont sujets à avoir un trop grand nombre de faux bourdons; au-dessous de quatre ils sont trop foibles. Il faut avoir soin de nourrir les essaims dès le premier jour, si le temps devient froid & pluvieux : au bout de quinze jours ou de trois semaines, il faut leur ajouter une nouvelle hausse, afin de leur donner de l'espace pour travailler : si l'année est favorable, avant la fin de l'automne, il faudra leur en fournir deux ou trois autres.

Lorsqu'un essaim est foible, on lui en joint un autre, & cette opération se fait toujours la nuit. Le second essaim est mis dans une ruche de paille sans bâtons de traverse où les mouches puissent s'accrocher. De deux personnes, l'une leve la ruche où est le premier essaim ; l'autre secoue fortement celle du second ; les mouches tombent , & on les couvre à l'instant de la bonne ruche, observant de mettre sous les bords quelques petites pierres qui la tiennent soulevée, afin que les mouches errantes puissent s'y réfugier , & que l'on n'en écrase aucune. M. Palteau se sert plutôt du vent d'un soufflet, que de la fumée d'un linge qui brûle, pour faire passer les Abeilles où il veut. Cependant il emploie le linge fumant en deux occasions , lorsqu'il s'agit de renouveler les ruches & de les dégraisser de leur miel.

La premiere de ces deux opérations se fait ainsi. On prépare une ruche avec son fond, on a en même temps une planche carrée , percée de huit pouces en carré , & qui sur le devant déborde de l a valeur de trois pouces , afin de

donner aux Abeilles le moyen d'y entrer. On enferme ensuite les Abeilles
pour les faire monter au haut de leurs
ruches; & quand on croit qu'elles y
font toutes, on renverse sens dessus
dessous la vieille ruche; on la couvre
de la planche percée, sur laquelle on
pose les nouvelles ruches : on a soin aussi
de fermer avec un bouchon de liége
l'entrée de la vieille ruche, afin d'obliger les Abeilles à passer par celle de la
nouvelle. Les choses restent en cet état
pendant trois semaines; au bout duquel
temps on ôte la mere ruche, pour mettre
en sa place la nouvelle, qui dès le commencement a été couverte de son sur-
tout. S'il reste encore quelques mouches
dans la ruche mere, on les oblige, avec
quelques coups de soufflet que l'on donne
en se reculant de deux pas, de passer
dans la nouvelle habitation. On renverse
la vieille ruche vers le 15 ou 20 mai,
& on la retire le 8 ou le 12 juin.

Pour dégraisser & châtrer les ruches,
la nouvelle construction offre des com-
modités inexprimables : en voici le procédé. 1°. On souleve doucement avec
un ciseau les planchettes qui bouchent
les petits trous de la hausse supérieure;
alors, avec un fil de fer courbé, & qui,

à ſes deux extrémités, a deux poignées de bois, on leve la planche qui couvre l'ouverture du fond, on paſſe par-deſſous elle le fil qui la coupe proprement & doucement. 2°. Vous ſoutenez pareillement avec le ciſeau cette hauſſe ſupérieure, après l'avoir détachée de ſon inférieure. 3°. Levant pour lors le couvercle de la grande ouverture du fond, au moyen du tampon de linge fumant, vous ferez deſcendre les Abeilles qui pourroient ſe trouver dans cette hauſſe ſupérieure. 4°. Vous paſſez le fil de fer entre les deux hauſſes qui coupent la cire & le miel ; c'eſt l'affaire d'un moment : la hauſſe ſupérieure étant détachée, vous replacerez au plutôt la planche & les planchettes ſur l'inférieure, qui par-là devient à ſon tour le ſommet de la ruche : & s'il en eſt beſoin, on coule au-deſſous une nouvelle hauſſe, afin de donner de l'eſpace aux Abeilles, qui, comme tout le monde ſait, n'habitent ordinairement que le milieu & le bas de la ruche, & travaillent toujours en deſcendant. Ainſi, ſans effaroucher ni tuer les Abeilles ; ſans perdre les œufs ou coins qui ſont toujours placés au milieu ou vers le bas de la ruche, & ſans danger d'être

piqués, on enleve aux Abeilles les tré-
fors qu'elles ont coutume de défendre
au péril de leur vie.

Mais ce feroit en vain qu'on efpé-
reroit une récolte abondante de cire
& de miel, fi l'on ne prenoit, des précieux infectes qui compofent l'un &
l'autre, les foins que leur délica-
teffe exige. Le premier de tous eft la
bonne expofition des ruches ; elles doivent être pour le moins expofées au
midi, ou tout au moins entre le levant
& le midi ; en forte que le foleil de
dix heures frappe fur la porte de la ruche ; car l'éclat de fes rayons excitant
les Abeilles à fortir, l'air fe trouve alors
fuffifamment échauffé, & elles n'ont
point à craindre que le froid les fur-
prenne ; il faut de plus que la ruche foit
à l'abri des mauvais vents & près de
l'habitation du maître, ainfi que nous
l'avons déjà obfervé.

On la placera exactement dans un
jardin peuplé d'arbres fruitiers un peu
bas, & où on aura fait des bordures
d'herbes odoriférantes, telles que le
thin, le romarin, la meliffe, la fariette,
la lavande, la fauge, le ferpolet, les genêts, les lis, le jafmin, la rofe, & autres
fleurs de bonne odeur ; les Abeilles

aiment les petits ruisseaux & le voisinage des prairies, des blés, des sarrasins, des bois, des grandes friches, & des montagnes couvertes d'herbes fines, mais les oignons, l'ail, la ciboule, les poireaux, la ciguë, la rhuë, la jusquiane, ne leur conviennent point; le sureau, l'orme, le tilleul, la tithymale, leur donnent la dissenterie; l'ellébore, le buis, l'arbousier, l'if, le cornouiller, les incommodent & nuisent à leurs provisions: ajoutez à cela l'éloignement des étangs & des grandes rivieres, ainsi que nous l'avons déjà observé, vous serez pour lors assurés d'avoir une ruche dont les profits vous dédommageront des peines qu'elle vous occasionnera dans le cours de l'année: & en effet, il faut véiller sur elles chaque mois, avec une attention différente, si l'on en excepte les quatre premiers mois, qui n'assujettissent qu'au même soin. L'année des Abeilles commence au mois de Novembre.

Pendant ce mois & les trois autres qui suivent, toutes les Abeilles doivent être enfermées exactement dans la ruche en tournant le cadran du côté des petits creux, sans être tentés de les laisser sortir, quoique cette saison puisse être entremêlée de quelques beaux jours ; car il en résulteroit infailliblement deux inconvéniens : l'un, que le froid de l'air pourroit les surprendre & les faire périr ; l'autre, qu'elles prendroient de l'appétit en se promenant & revenant chez elles avec une faim dévorante : comme elles ne trouveroient rien pour lors aux champs, elles consommeroient plus vîte leurs provisions, & vous seriez plutôt obligé de leur donner à manger.

Au premier jour du mois de Mars, ôtez le tiroir de la table, & le nettoyez avec des plumes d'oye : purgez vos Abeilles avec la composition suivante : prenez quatre pots de vin vieux, deux pots de miel, & deux livres & demie de sucre ; faitez bouillir le tout ensemble dans un chauderon d'airain, remuez souvent, & réduisez jusqu'à la consistance de sirop ; versez pour lors dans des bouteilles, & portez le sirop à la cave. On en donne aux Abeilles sur des assiettes, & on proportionne la quantité au nombre qui peuple la ruche. Cependant on observera de ne leur donner ce purgatif, qui les fortifie en même temps, qu'après les avoir réchauffées & tirées de l'engourdissement qu'elles ont contracté pendant l'hiver. Pour cet effet, il faut avoir un second tiroir, pour le mettre à la place du premier : ce nouveau tiroir allant dans les mêmes coulisses, sera un châssis garni de carreaux, sous lequel vous allumerez un réchaud plein de cendres chaudes. Après qu'on les a nettoyées, rechauffées, & purgées, il faut les retirer sans délai, & donner de la nourriture à celles qui en manquent ; la meilleure maxime est de leur donner des gâteaux remplis de miel. Ici il ne faut laisser libres qu'une ou deux arcades du cadran, de peur que les ruches ne se pillent entre elles : la ruche attaquée se défendra d'autant plus aisément, qu'elle aura moins de portes ouvertes. C'est encore dans ce mois que l'on dégraisse les ruches trop fournies & qui ont des provisions surabondantes, & que vous travaillerez à mettre ensemble des ruches trop foibles pour les rétablir.

Pendant le mois d'Avril ne vous lassez point de nourrir vos Abeilles, & tenez encore le cadran tourné du côté des arcades ; car souvent ce mois leur fournit peu de pâture ; pour lors les foibles vont piller les fortes. Visitez vos ruches, & dégraissez celles qui font trop pleines. Si le temps est propre à leur récolte, vous leur pourrez ajouter une hausse en dessous ; elles l'auront bientôt garnie de cire neuve. Tenez prêtes les ruches qui doivent recevoir les essaims ; car leur temps approche.

Dans le mois de Mai les ruches foibles peuvent encore avoir besoin d'être nourries ; la raison en est sensible : les Abeilles dans ce mois trouveront aux champs leur propre subsistance ; mais une ruche foible peut avoir une mere très-féconde. Ce mois est le fort de la ponte, & la nouvelle famille occupe beaucoup les ouvrieres, & occasionne une grande consommation de vivres : ainsi, les vivres peuvent manquer, & d'ailleurs une trop grande fatigue feroit languir & périr les ruches. Dès le commencement de ce mois tournez le cadran du côté de la grande ouverture : le pillage n'est plus à craindre ; veillez sur vos essaims, renouvelez vos ruches. On peut communément ne les renouveler que tous les quatre ans ; & au bout de ce temps, il est bon alors de le faire, parce que la cire brunit trop, & que les alvéoles, trop sales par les dépouilles des œufs & des nymphes, ne sont plus propres à recevoir de nouveaux œufs.

Veillez dans le mois de Juin sur les

essaims jusqu'au 15, & même plus tard;
séparez les ruches que vous aurez re-
nouvelées dans le mois précédent. C'est
principalement dans ce mois que les
Abeilles travaillent en cire neuve; ajou-
tez-leur donc des hausses, afin de leur
donner de l'espace ; par - là vous les
tiendrez en haleine, & les empêcherez
de vous donner des essaims tardifs. Vous
pourrez aussi dégraisser les ruches qui
sont trop fournies. Commencez dès le
mois de juillet à craindre le pillage des
guêpes, des frelons, & des Abeilles du
voisinage qui auroient été mal soignées.
Mariez les foibles essaims, réunissez les
meres ruches trop affoiblies à l'essaim
qu'elles auront donné ; ôtez jusqu'au
mois de Septembre la plaque pleine
de fer-blanc du tiroir de la table, & ne
laissez que la trouée, afin de procurer
à vos Abeilles une fraîcheur qui leur
sera aussi agréable qu'elle leur est nécessaire dans un mois où souvent la
chaleur trop forte fait fondre la cire
dans les ruches de paille.

Dans le mois d'Août le pillage devient
plus à craindre de jour en jour. Tenez
donc le cadran exactement tourné du
côté des arcades ; si vous jugez que vos
Abeilles puissent encore remplir une

hauffe, hâtez-vous de la leur donner ; engagez-les à travailler tant qu'elles pourront le faire : exterminez les faux bourdons tant que vous pourrez ; car quelquefois les Abeilles ne parviennent pas entierement à s'en défaire, & les pareffeux mangent toutes les provifions. Dans le mois de Septembre craignez toujours le pillage ; les nuits deviennent longues & froides, ainfi remettez dans ce mois la plaque pleine de fer-blanc, fur-tout aux ruches qui font les moins peuplées.

Le mois d'Octobre eft celui de la récolte, que vous ferez avec prudence ; car on peut quelquefois ôter deux hauffes à une ruche, & quelquefois n'en point ôter du tout. Si vous avez différé de marier des ruches par quelques raifons, comme par l'efpérance que vous aurez conçue qu'elles fe fortifieroient dans la belle faifon, ce qui cependant ne feroit point arrivé, preffez-vous de faire cette opération vers la fin de ce mois ; tournez le cadran vers les petits trous ; il n'eft plus néceffaire que les Abeilles fortent ; mais elles ont befoin d'air : une ruche peuplée étoufferoit par fa propre chaleur.

On feroit trop heureux fi les foins,

joints à la construction des nouvelles
ruches, assuroient pleinement la con-
servation des Abeilles & du juste profit
qu'on en attend; ils préviennent à la vérité
le pillage des hommes, des Abeilles affa-
mées, des guêpes & des frelons ; mais les
Abeilles ont en bon nombre d'autres ennemis, dont nous avons parlé au commencement de ce chapitre, & dont il
est par conséquent inutile de parler ici :
nous observerons seulement que, quant
à la fausse teigne, au papillon de-nuit,
qui est du nombre des dangereux ennemis des Abeilles, la construction des
nouvelles ruches donne le moyen de le
rendre plus rare & d'y remédier. Les
papillons ne songent guere à s'établir
dans les ruches que dans les mois de
Juillet & suivans, temps auquel le cadran
du surtout est tourné du côté des arcades : ainsi le papillon a plus de peine
à entrer, & les Abeilles l'appercevant
plus facilement, sont plus à même de
se défendre de leurs ennemis. D'ailleurs,
comme la fausse teigne se loge ordinairement au haut de la ruche, en levant
la hausse supérieure, il est aisé de les
exterminer. Les ruches de M. Palteau
bravent aussi les insultes des souris, mulots, & autres : exactement fermées,

aussi-tôt

auffi-tôt que la faifon fe refroidit, elles font avorter leurs mauvais deffeins. Les putois & les renards, qui fouvent renverfent les ruches communes, ne font rien contre celles - ci : ainfi, par leur moyen, les dangers auxquels les Abeilles font expofées, font confidérablement diminués; &, par une jufte conféquence, le profit qu'on s'en promet doit augmenter. Ce profit confifte dans la multiplication de l'efpece & dans la récolte de la cire & du miel. M. Palteau en fait le calcul fur le pied du moindre profit : d'abord il fuppofe un fonds de fix bonnes ruches, & ne leur accorde d'effaim par an que la moitié de leur nombre ; ce qui néanmoins, au bout de fix ans, donne un total de foixante-trois ruches. Ainfi, la premiere année , fix ruches rendent trois effaims; la feconde, les neuf en rendent quatre ; la troifieme, les treize en rendent fix; la quatrieme, les dix-neuf en rendent neuf; la cinquieme, les vingt-huit en rendent quatorze ; la fixieme, les quarante-deux en rendent vingt-une , qui, avec leurs meres, font les foixante - trois ruches qu'il promet. Si l'on a bien connu ce que nous avons expofé des nouvelles ruches, on doit être convaincu que

D

M. Palteau, en groffiffant de moitié la multiplication des Abeilles, feroit encore refté au-deffous de celle que l'on pourroit fe procurer.

Quant au profit de la cire & du miel, voici auffi, fuivant M. Palteau, le calcul de leur rapport. Il fuppofe qu'une ruche coute d'achat environ 8 livres, prix commun dans le Pays Meffin, où cet Auteur a fait fes expériences; il compte que le produit en cire & en miel des quatre ruches équivaut au prix d'une feule que l'on achete : ainfi, les neuf ruches de la premiere année valent l'achat de deux; les treize de la feconde année, l'achat de trois; les dix-neuf de la troifieme, l'achat de quatre; les vingt-huit de la quatrieme, l'achat de fept; les quarante-deux de la cinquieme, l'achat de dix; les foixante-trois de la fixieme, l'achat de quinze : le tout enfemble fait quarante-une ruches de profit, lefquelles, eftimées à raifon de 8 livres piece, font la fomme de 328 livres, qui répartiés fur fix années, donnent de profit par an 54 livres 13 fous 8 deniers.

Pour connoître la modération de ce calcul, il fuffit de le rendre plus fimple en fixant le revenu d'une ruche à 2 liv.

par an : la premiere année vaudra 18 livres ; la seconde, 26 livres ; la troisieme , 38 livres ; la quatrieme , 56 livres ; la cinquieme , 84 livres ; la sixieme , 126 livres ; toutes ensemble , 340 livres , & par conséquent 20 livres plus que le calcul ci-dessus. On n'oublie point, dans le traité de M. Palteau , la dépense que les ruches occasionnent : toutes celles dont nous venons de parler dans cet extrait , ne coutent , suivant l'essai qu'on a fait dans l'espace de six années , que 30 livres 10 sous.

Pour ce qui concerne l'achat des ruches , M. Palteau nous donne encore les moyens de distinguer les bonnes d'avec celles qui ne le font pas. 1°. Donnez , dit-il , un coup de doigt sur la ruche , comme on fait pour sonder un tonneau ; s'il produit un bruit séparé en deux ou trois tons , la ruche est bonne ; si le bruit est court & s'appaise dans l'instant , c'est qu'il y a peu d'Abeilles dans la ruche. 2°. Frappez seul sur la ruche ; le son clair & aigu annoncera un grand vuide d'Abeilles & de provisions ; si elle rend un son écrasé , & étouffé , elle est parfaitement conditionnée. 3°. En soulevant la ruche de la hauteur de deux pouces , si l'espace qu'elle occupoit est net & propre, la ruche eſt bonne & en bon état ; mais au contraire, jugez-la foible & mal fournie, ſi la table eſt chargée d'ordures. Auſſi-tôt les ruches achetées, enlevez les, afin de prévenir les fraudes que l'on pourroit vous faire ; que le tranſport ſe faſſe la nuit ; les nouvelles ruches ſont en cela d'une commodité ineſtimable ; on les porte où l'on veut ſans peine, ſans danger, & ſans perte. On eſt aſſuré, en tournant le cadran du côté plein ou troué, d'avoir toutes les Abeilles. M. Palteau ne veut pas que l'on en tranſporte en toute autre ſaiſon qu'à la fin de l'hiver & au commencement du printemps. J'ai vu gouverner chez mon pere des ruches de cette nouvelle conſtruction ; elles lui rapportoient un très-grand profit. En parlant des ruches de mon pere, il ne ſera pas ici hors de propos de faire part au Public d'une expérience qui ne lui a pas réuſſi, & qui paroiſſoit devoir être très-avantageuſe au premier aſpect. Mon pere, prévenu de l'idée qu'il avoit que plus une ruche ſe trouvoit grande, plus elle contiendroit de mouches, & par conſéquent plus elle devroit rapporter, fit faire une ruche quatre fois plus grande que les ruches ordinaires, ſui-

vant néanmoins l'ancienne méthode ; il
fit partager le haut de la ruche par
quatre cloifons. Dans une année favorable, au mois de Mai, il mit dans cette
ruche quatre effaims : pour ce faire, il
y recueillit le premier effaim , le lendemain dans une autre ruche un fecond
effaim ; fur le foir du même jour, il
fecoua fur un drap cette derniere ruche
pour en faire tomber le peloton de
mouches, & mit deffus la grande ruche ;
les mouches fe logerent dans une feconde cloifon de la grande ruche : il
continua ainfi tous les jours , jufqu'à
ce que la grande ruche fût prefque pleine.
Quelle efpérance mon pere ne fondoit-
il pas fur une pareille ruche ? Il voyoit
fes mouches travailler ; chaque effaim
travailloit dans fon efpace : il n'avoit
pas lieu de s'attendre à leur évafion
ni à la deftruction de leurs reines. Cependant il en fut fait autrement : quand
les rayons de chaque effaim eurent paffé
la hauteur de chaque cloifon, quoiqu'ils
paruffent toujours diftincts dans la
ruche, il fe fit comme une efpece d'é-
meute parmi cette troupe innombrable
de mouches ; plufieurs s'évaderent ; jamais il ne put parvenir à en avoir un
effaim , & en moins de trois ans la

ruche périt entierement; il vit évanouir par-là le fonds de ses espérances. On peut conclure de là, que plus les ruches sont petites, mieux les mouches s'y plaisent, & plus elles rendent de profit; 2°. que le mélange de plusieurs essaims ne peut se faire qu'au détriment du plus grand nombre des mouches qui les composent.

Le second Ouvrage que nous allons examiner sur les Abeilles, est celui de M. Ducarne de Blangy; il l'a divisé en deux parties : dans la premiere, il donne la préférence aux ruchers sur toutes autres inventions qu'on auroit pu découvrir jusqu'à présent pour placer les mouches, même sur la méthode imaginée par M. Palteau pour les asseoir, dont nous avons parlé ci-dessus. On fait les ruchers à deux étages & à trois; ceux à deux étages sont cependant préférables; il faut qu'ils soient faits en bois de chêne; on leur donnera quatre pieds, ou quatre pieds & demi de profondeur; & quand ils ne sont qu'à deux étages, on leur donnera sept pieds de haut depuis terre jusqu'au plafond du second étage; & s'ils sont à trois étages, on augmentera la hauteur d'un pied & demi: on plantera son rucher à l'exposition du midi; c'est la plus avantageuſe, ſelon M. Ducarne de Blangy, quoi qu'en puiſſe dire M. Palteau, & on mettra au devant de chaque plancher du rucher, qui ſert d'aſſiette, une petite planche qui régnera tout le long, qu'on tiendra un peu penchée, pour que les mouches puiſſent s'appuyer deſſus cette planche, pour ſe rendre dans leurs ruches; on conſtruira les ruchers à portée des maiſons, & à l'abri des grands vents & des ouragans, ſi faire ſe peut. Les meilleurs endroits pour placer les ruchers ſont le voiſinage des prairies, du ſarraſin, des bois, des grandes friches, des montagnes couvertes d'herbes odoriférantes, & l'éloignement des étangs & des rivieres d'une certaine largeur.

M. Ducarne de Blangy entre enſuite dans des détails ſur la conſtruction de ſes ruches; c'eſt-là la matiere la plus intéreſſante de ſon ouvrage; chaque ruche doit être compoſée, ſelon lui, de pluſieurs hauſſes; les unes n'en ont que trois ou quatre, d'autres en ont juſqu'à ſept-à huit. Une hauſſe, dit notre Auteur, eſt une eſpece de boîte de treize pouces en carré, l'épaiſſeur du bois compriſe, ſur trois pouces de hauteur, avec une ou deux petites barres de bois, ou traverſes de cinq lignes en tout ſens,

D iv

pour foutenir l'ouvrage ; on enfonce ces deux petites barres de bois dans la hauteur même de la hauffe, en forte qu'elles fe trouvent, à une de leur fuperficie, à fleur du bois, au moyen d'une entaille de cinq lignes qui fe pratique dans les quatre côtés de la hauffe, ou bien on fait dans le milieu des côtés de la hauffe où l'on veut placer les traverfes, quatre trous ronds, dans lefquels on introduit l'extrémité de fes traverfes. On peut auffi faire les trous carrés, ce qui eft égal ; mais cela eft plus difficile & plus couteux : rien n'empêche même que toute la longueur de la traverfe ne foit de figure ronde ; mais peu importe que ces traverfes foient placées plus haut ou plus bas dans la hauteur de la hauffe. Une attention cependant qu'il faut toujours avoir, c'eft de planter les deux traverfes en croix, c'eft-à-dire, qu'elles fe coupent à angles droits : on fera faire auffi ces traverfes de huit lignes plus hautes que la hauffe n'a de grandeur, en forte que chaque traverfe déborde la hauffe de quatre lignes de chacune de fes extrémités. Cette précaution évite la peine & la dépenfe des crampons & anneaux de fer qu'on feroit obligé de mettre aux

côtés oppofés de la hauffe, pour l'attacher à la fuivante avec un fil de fer.
Voilà tout ce qu'il y a à obferver, felon
M. Ducarne de Blangy, fur les hauffes,
dont le bois aura cinq à fix lignes d'é-
paiffeur. Refte le couvercle à leur donner,
continue-t-il, pour former une ruche
entiere. Ce couvercle n'eft autre chofe
qu'une efpece de petite table, faite de
petites planches auffi longues que la
hauteur de la hauffe; c'eft-à-dire, auffi
de treize pouces; ces planches ne doivent être que de quatre ou cinq lignes
d'épaiffeur; il eft même mieux de ne
leur en donner que trois. On tient ces
planches ferrées l'une contre l'autre, au
moyen de trois petites barres de bois
de quatre ou cinq lignes d'épaiffeur, fur
huit ou dix de largeur. De ces trois
barres deux ont chacune treize pouces
de longueur; mais la troifieme, qui eft
deftinée pour occuper le milieu du couvercle, a treize pouces huit lignes. On
place deux de ces barres fur les deux
bouts des planches du couvercle, & la
troifieme, qui eft celle de treize pouces
huit lignes, dans le milieu, à égale
diftance des deux autres.

Pour avoir la facilité de pefer les
ruches, dit notre Auteur, dans les cir-

D v

conftances_où il faut le faire, je fais
faire ordinairement celle du milieu de
neuf à dix lignes d'épaiffeur & d'autant
de largeur; & je fais faire à celle-ci
deux petits trous de trois lignes de dia-
mètre chacun, à côté l'un de l'autre,
& à diftance égale du milieu de cette
barre; & au moyen d'une ficelle qu'on
place dans ces deux trous, je peux faire
pefer mes ruches fans embarras & fans
difficulté; je n'ai befoin pour cela que
d'un bâton qu'on paffe dans cette ficelle.
On pourroit encore fe contenter d'une
feule ouverture pratiquée dans le milieu de la barre; mais M. de Blangy
a éprouvé que deux valoient mieux,
tant pour empécher la ruche de vaciller,
quand elle eft en l'air, que parce que
fi la ficelle a plus de force, elle fe trouve
moins fujette à fe caffer.

Toutes les pieces de la ruche étant
faites, il ne refte plus qu'à les raffembler
pour en former une ruche folide & inébranlable, qu'on puiffe tranfporter à
fon aife : on n'a befoin pour cet effet
que de quatre moyennes ficelles, qu'on
attache d'abord chacune par un bout,
au moyen d'une patte, à l'extrémité des
petites traverfes qui débordent les hauffes
de quatre lignes de chaque côté. Une

ficelle étant arrêtée par l'un de ses bouts
à une des extrémités de ces petites traverses, en commençant par le bas de
la ruche, on passe à l'extrémité de la
traverse supérieure, on tourne autour
en serrant la ficelle & en pressant de
l'autre main les hausses & le couvercle
les unes contre les autres, le plus qu'il
est possible : on va ensuite à une troisieme, à une quatrieme, & enfin au
couvercle, où, au moyen de l'attention
qu'on a eue de faire faire la barre du
milieu de quatre lignes de chaque côté
plus longue que le couvercle même, on
trouve l'extrémité de cette barre, autour de laquelle on fait faire deux ou
trois tours à la ficelle, & on l'assujettit
par un nœud ou de toute autre façon.

Quant aux deux autres côtés du couvercle, il est facile d'y en mettre une,
en plaçant dans le milieu des planches
qui le composent, une autre traverse
de la même épaisseur que les planches
mêmes, & qu'on fera déborder aussi
de quatre lignes de chacun des côtés.
Cette barre pour lors est encore une
espece de petite planche de sept à huit
lignes de largeur, qu'on place entre les
deux autres au milieu du couvercle. Ces
petites attentions, qui ne coutent rien,

suffisent pour rendre les ruches aussi so-
lides qu'on puisse le désirer. Telle est la
construction des ruches de M. Ducarne
de Blangy. Vis-à-vis le milieu de chacune de ces ruches, dans le bord
même de la table qui la soutient, il se
trouve une ouverture ou entaille de
quelques lignes de profondeur, par laquelle les Abeilles entrent dans leurs
ruches. Cette ouverture ou entaille doit
être continuée depuis le bord de la table
jusqu'à quatre pouces au moins sous la
ruche ; elle doit avoir aussi trois pouces
& demi d'ouverture en largeur, contre
le bord de la table, & deux pouces &
demi seulement à l'endroit où elle finit
sous la ruche. Quant à la profondeur,
on lui donnera le plus communément
cinq lignes ; cela suffit pour laisser les
Abeilles aller & venir librement, & pour
empêcher les souris d'entrer dans les
ruches : au surplus, on fait faire toutes
les ouvertures de la même mesure, afin
que quand on sera obligé par la suite
de remplir les ouvertures avec de petites planchettes de la même forme &
de la même épaisseur que la profondeur
de ces entailles, on ne soit pas obligé
de choisir dans plusieurs celle qui re-
viendroit le mieux à chacune de ces ou-

vertures. Lorsqu'elles feront toutes de la même forme, on fera faire de petites planches de la même mefure ; & on eft fûr que ce qui conviendra à l'une, conviendra auffi à l'autre. Il eft encore à obferver que l'entaille dont nous venons de parler doit avoir un peu plus de profondeur vers le bord de la table, que dans l'endroit où le bord de la ruche pofe deffus ; une ligne ou deux de plus en font l'affaire : on lui donnera donc vers le bord fept lignes de profondeur, & cinq fous le bord de la ruche. Cette précaution fert à deux fins, à faire écoulér le peu d'eau qui pourroit y tomber dans les temps d'orage, & à donner plus de facilité aux Abeilles pour s'y pofer : quant à l'extrémité de cette entaille fous la ruche, elle doit être tout au plus de quatre lignes de profondeur, pour donner aux Abeilles la facilité de remonter de là dans leur ruche ; & comme un pouce ou deux de plus ou de moins fur la longueur ne font rien à la chofe, au lieu de quatre pouces dont elle doit être prolongée fous la ruche, on la continue jufqu'au milieu de la ruche. On employera pour la conftruction des hauffes & du couvercle, du bois de pin ou de fapin, de peuplier, de tilleul, ou de quelque autre espece de bois léger, parce que les pores de ces bois étant moins serrés, laissent plus de facilité aux vapeurs de la ruche pour s'en échapper.

M. Ducarne de Blangy a encore fait construire une autre espece de ruche de bois : celle-ci, au lieu d'être carrée, doit être ronde ; on emploie pour sa construction des especes de cercles de bois, pareils à ceux qui sont usités pour les tenons : il faut six hausses fermées de leurs crochets, & un couvercle, pour la construction d'une de ces ruches, qui ne revient au plus qu'à 12 ou 13 sous ; chaque hausse aura trois pouces de hauteur, sur treize pouces de largeur, l'épaisseur du bois comprise : il y aura, de même que dans la ruche carrée, à la hausse une ou deux traverses qui déborderont la ruche en dehors de 4 lignes de chaque côté ; quant au couvercle, on le fera en rond & de bois léger ; il aura ses traverses & ses barres, de même que celui des ruches carrées ; les planches qu'on employera pour la faire, seront épaisses de quatre ou cinq lignes, mais pour le moins on ne leur en donnera que trois ; pour lors on donnera à la petite planche du milieu, qui

tient lieu de traverse, & qui doit déborder de quatre lignes de chaque côté,
une épaisseur de quatre ou cinq lignes,
pour avoir plus de force à chacune de
ses extrémités, où on attache les ficelles;
enfin on prend, pour attacher les hausses
de ces ruches les unes aux autres, les
mêmes précautions que pour les hausses
des ruches carrées. Le seul inconvénient
qui se rencontre dans ces dernieres ruches,
c'est qu'étant moins épaisses de bois, les
souris y peuvent pénétrer plus facilement
en perçant le bois : aussi M. Ducarne de
Blangy a abandonné ces sortes de ruches,
de même que celles de paille, dont il
avoit aussi fait usage; elles étoient rondes
& fortes, précisément comme les ruches
de bois rondes, à la seule différence,
qu'au couvercle des ruches de paille
il y avoit un manche ou une poignée;
& la raison, c'est qu'aux couvercles des
ruches de paille on ne peut point y
mettre de barre. Quand on veut donner
plus d'assiette aux hausses, on fait regner
le long de leurs bords, en dehors de la
hausse, un cordon de près d'un pouce,
aussi de paille, qui fait une espece de
doublure, une espece de bourrelet en
ces endroits, qui donne beaucoup plus
d'assiette aux hausses & les joint mieux

les unes aux autres. Il faut deux de ces
cordons à chaque hauffe, un à chacun
de leurs deux bords, l'un d'un côté,
l'autre de l'autre ; en forte que, quand
une hauffe eft pofée fur la table, il y
ait un de ces cordons en haut, & que
l'autre pofe fur la table, ainfi que la
hauffe.

Il feroit facile de prendre la même précaution pour les ruches de bois rondes,
en mettant à chacune de leurs hauffes,
comme à celle-ci, un cordon de bois
de trois ou quatre lignes d'épaiffeur,
fur autant de largeur, qui effleureroit
les bords de ces hauffes, & en leur donnant plus d'épaiffeur, leur donneroit
auffi plus d'affiette & de fermeté.

On affembleroit très-bien les hauffes
des ruches de paille, & on les attacheroit
auffi fort bien enfemble, fi on faifoit
déborder de quatre lignes de chaque
côté les traverfes ou baguettes de chaque hauffe : mais comme ceci n'eft pas
auffi praticable avec les ruches de
paille qu'avec les ruches de bois, il vaut
mieux les accrocher les unes aux autres
par leurs rebords avec des agraffes de
gros fil de fer, placées vis-à-vis l'une de
l'autre ; on paffera dans leurs anfes une
groffe ficelle, qu'on lie enfuite, & qu'on

ſerre bien : il eſt auſſi facile & moins coûteux de paſſer dans leurs rebords, qui poſent l'un ſur l'autre, une ficelle qu'on lie bien ; les hauſſes ſont alors comme couſues l'une à l'autre. Au lieu de ficelles, on peut ſe ſervir de brins de ronce ou d'oſier, en les paſſant, comme les ficelles, dans les rebords, & en leur y faiſant faire un tour ou deux : rien n'eſt plus ſolide, & une ruche compoſée de pluſieurs hauſſes eſt auſſi inébranlable qu'une autre qui ſeroit d'une piece. On attache de même le couvercle au bord ſupérieur de la hauſſe ſupérieure ; ce couvercle eſt plat comme ceux des ruches de bois.

Quand on veut tailler les ruches, dit M. Ducarne de Blangy, on coupe les ficelles ou les attaches d'oſier ou de ronce ; on les arrache enſuite, afin qu'elles n'embarraſſent point, & on taille à ſon aiſe.

Quoique les ruches de paille ſoient plus chaudes en hiver, & plus ſaines que celles de bois, il s'y rencontre néanmoins deux inconvéniens qui en ont fait abandonner l'uſage : le premier eſt celui des ſouris ; c'eſt le principal ; elles percent quelquefois les ruches : le ſecond provient de ce qu'on trouve dif-

ficilement des ouvriers qui foient en
état de faire affez bien les hauffes de
paille, pour qu'elles fe joignent parfaitement l'une avec l'autre; cependant la
difficulté ne confifte pas en ce qu'elles
laiffent du jour entre elles, car il eft
très-facile de les boucher avec une efpece de maftic; mais en ce qu'une partie
du rebord inférieur de la hauffe de deffus
s'enfonce pour lors dans quelques petite cavité du rebord fupérieur de la
hauffe de deffous; ce qui empêche les
fils de fer de traverfer facilement d'un
côté à l'autre, quand on les traverfe:
il vaut donc mieux s'en tenir à celles
de bois, entre les hauffes defquelles le
fil de fer gliffe beaucoup mieux; auffi
M. de Blangy leur donne-t-il la préférence. On pourroit cependant remédier
à l'inconvénient des hauffes des ruches
de paille, en plaçant entre chaque hauffe
deux gros fils de fer en circonférence,
ou deux petits cercles de bois de même
diametre que les hauffes; le fil de fer
pafferoit alors très-aifément entre les
petits cercles de fer, & n'y trouveroit
plus d'obftacles : au refte, les cercles
pourroient être faits par des gens même
de la campagne; un bâton de coudrier
vert & d'un bon pouce d'épaiffeur,

fuffiroit pour en faire deux ; il ne s’a-
giroit que de les fendre & de les arrondir,
ou de les tenir de cette forme avec des
clous ; ces petits cercles pourroient être
de deux lignes d’épaiffeur fur quatre,
cinq ou fix de largeur : on parviendroit
au même but, fi, au lieu du cercle,
on vouloit fe donner la peine d’égalifer
les bords des hauffes par quelque efpece de maftic qui ne pourroit s’en détacher ; il y a d’ailleurs beaucoup de
hauffes où on n’auroit rien à faire ; on
ne remédieroit qu’à celles dont les bords
ne feroient pas droits : les hauffes des
ruches de paille doivent avoir feize pouces & demi de diamêtre extérieur, & feulement deux pouces & demi de diametre
intérieur ; par conféquent la table fur laquelle on pofera de pareilles ruches doit
avoir dix-fept pouces de largeur, ou tout
au moins feize pouces & demi.

M. Ducarne de Blangy, après s’être
étendu fort au long fur la conftruction
de ces ruches, parle du choix des Abeilles : les différentes efpeces d’Abeilles peuvent fe réduire, felon lui, à trois, quoique quelques perfonnes en admettent
une quatrieme efpece qui eft très-rare,
& qui eft néanmoins très-reconnoiffable :
cette 4ᵉ. efpece eft d’une taille moyenne,

mais d'une couleur singuliere, étant presque grise & de couleur de cendre. On regarde les Abeilles de cette espece, comme des sauvages qui ne sont pas bien naturalisées parmi nous, & qui désolent les autres par leurs vols & leurs brigandages. Quant aux trois autres especes, les premieres sont plus grosses & plus grandes, d'une couleur plus brune & plus foncée que les autres; on les a tirées des bois pourles élever dans nos jardins; les secondes sont d'une grosseur médiocre; mais elles sont noirâtres & d'une couleur obscure; on les a-tirées également des bois; elles ne sont pas aisées à apprivoiser: enfin celles de la troisieme espece sont plus petites que toutes les autres; mais elles sont polies, luisantes, d'un jaune d'aurore, vives d'ailleurs & séminantes. Cette derniere espece est la meilleure; on l'appelle la *petite hollandoise*, la *petite flamande*, parce qu'elle vient originairement de la Hollande & de la Flandre. A défaut d'Abeilles de la troisieme espece, on tâchera d'en avoir de la seconde. C'est à quoi on doit s'attacher quand on achete des ruches.

Les saisons propres pour pouvoir les transporter, sont celles où il ne fait ni

trop chaud ni trop froid : il feroit même
à défirer, felon M. Ducarne de Blangy,
que peu de jours après l'arrivée des ruches, le temps foit affez doux pour les
voir fortir & prendre l'air, ce qui les
racommoderoit de la fatigue du voyage,
& laifferoit la liberté de fe vuider hors
de la ruche, à celles qui y auroient
féjourné trop long temps. On pourra
donc les tranfporter depuis le 15 Février
jufqu'au premier Novembre, pourvu
qu'il ne faffe ni trop chaud ni trop froid ;
la trop grande chaleur les feroit étouffer
dans le voyage, & le trop grand froid
les feroit morfondre : le froid leur eft cependant moins nuifible que le chaud.
Auffi, fi on les tranfporte pendant l'été,
il faut les faire voyager pendant la nuit ;
on fera néanmoins très-bien de ne les
voiturer qu'au printemps & en automne ;
le mieux même feroit de ne le faire
qu'après la fin de l'hiver, quand elles
ont au moins forti une fois, & on ne
paffera pas le 5 ou le 6 d'Avril ; car
après ce temps leurs travaux font trop
avancés pour les y troubler. Pour ce
qui concerne la méthode de les renfermer
& de les conduire, on condamnera d'a-
bord toutes les ouvertures des ruches
avec un gros linge clair dont on les

enveloppera, ou avec toute autre chose d'équivalent, & on les portera sur des hottes ; ou bien, si on en a trop, on se servira d'ânesses ou de chevaux ; au moyen d'une espece d'échelle qu'on place à leurs côtés, on peut en faire porter à chacun de ses animaux cinq ou six ; c'est-là la façon la plus douce de les transporter : cependant quand on en a un grand nombre, on peut les mettre sur une voiture, & on les serre l'une contre l'autre, ouverture en haut, en observant de les maintenir dans cette situation par quelque moyen facile à imaginer. Quand on est arrivé, on les pose doucement dans leur situation naturelle, & on ne les développe que le soir du jour de leur arrivée, & seulement deux heures après les avoir posées sur leur table, pour leur donner le temps de se calmer du voyage. Si on ôtoit les enveloppes de jonc, une bonne partie retourneroit dans l'ancien endroit où étoit la ruche, & iroit mourir ailleurs.

Si on veut actuellement savoir à quels signes on connoît si une ruche est bonne, ou si elle est mauvaise, il faut, 1°. la soulever ; on sait par-là si elle a du poids : une ruche ordinaire doit peser vingt-huit à trente livres à la fin d'Octobre, & dix-huit ou vingt livres au commencement du printemps. 2°. Il faut faire attention à la cire, & examiner si elle est belle & blanche, ce qui dénote toujours qu'elle n'est point vieille; ou bien si elle est noire, moulue & moisie, ce qui montre une vieille ruche: plus la cire en est blanche, plus la ruche est nouvelle. Ce moyen n'est pas néanmoins toujours infaillible; & la raison est, que quelques particuliers ont soin de dégraisser leurs Abeilles dès les premiers jours du printemps, & de couper tous les gâteaux qui pourroient ne pas faire honneur à leurs ouvrieres; en sorte que l'année, ou même l'automne suivant ou pourroit prendre pour un essaim nouveau une ruche de trois ou quatre ans. 3°. Il faut en outre savoir si la ruche est bien fournie d'Abeilles; car une ruche pourroit fort bien être pourvue de provisions & être des plus nouvelles, sans avoir un grand nombre d'Abeilles, la plupart ayant été détruites par quelque accident. Pour connoître donc si une ruche est bien fournie, on donne, après le soleil couché, un coup de la jointure des deux doigts du milieu contre cette ruche; si le coup produit un bruit séparé en deux ou trois temps, & que le bruit continue pendant deux ou trois momens, c'eſt un ſigne d'abondance ; s'il ne cauſe qu'un bruit court, & qui s'appaiſe dans l'inſtant, c'eſt une marque qu'il y a peu d'Abeilles dans la ruche. 4°. Pour connoître tout à la fois ſi une ruche a des munitions & une forte garniſon, on frappe ſur la ruche ; ſi on entend un ſon aigu, & perçant, il n'y a preſque rien dans la ruche ; ſi elle rend un ſon écraſé & étouffé, il faut la regarder comme bien pourvue en tous les genres.

Tels ſont les préceptes de M. Ducarne de Blangy ſur le tranſport & le choix des Abeilles. Nous omettrons ici ce qu'il dît ſur ce qui regarde la police & le gouvernement de ces inſectes, dont nous avons déjà ſuffiſamment parlé, pour en venir plutôt à la méthode qu'il indique pour prendre aux meres leurs eſſaims, quand elles s'obſtinent à ne pas les donner, & de déſigner, d'après lui, les moyens de faire eſſaimer les ruches.

Pour la réuſſite de ce moyen, c'eſtà dire, pour prendre aux ruches leurs eſſaims, il faut avoir en ſa poſſeſſion une reine d'Abeilles, dont on puiſſe diſpoſer : pour ſe procurer cette reine, voici comme on s'y prend. 1°. Quand
une

une ruche effaimera pour la feconde fois,
dès l'inftant où on s'en appercevra, on
ira fe mettre auprès de cette ruche,
même vis-à-vis, & on regardera fortir
les jeunes mouches avec attention; il
fera bien rare fi on ne voit pas fortir
une reine, & même plufieurs qui s'arrêtent & tournent un certain temps
devant l'entrée de la ruche; on la
prend pour lors, foit avec les doigts,
foit en la couvrant d'un verre; & on
parvient par-là tout naturellement à fe
pourvoir d'une reine. 2°. Si on n'eft
pas affez fubtil pour y arriver à temps;
& fi dans le grand nombre d'Abeilles
qui fortent en foule de cette ruche, on
n'a pas la vue affez perçante pour y
diftinguer une reine dans la confufion,
ou fi enfin on n'a pu s'en emparer,
il ne faut pas refter là. On fuit pour lors
l'effaim; & dès qu'il eft pofé, ou plutôt
dès qu'il commence à le faire, on exa-
minera attentivément toutes les Abeilles
qui occupent la fuperficie de la maffe
qu'elles forment en fe raffemblant, &
on regarde fi on n'y apperçoit pas une
reine: nous avons donné plus haut fa
defcription, pour pouvoir la reconnoître
facilement; on la faifit pour lors avec
la main, & on la met enfuite fous un

E

verre. M. Ducarne de Blangy assure que
ce moyen lui a toujours réussi. Il est
même très-rare que, quand on y regarde attentivement pendant un certain
temps, on n'en apperçoive point quelques-unes qui s'y promenent. Cet Auteur dit en avoir pris jusqu'à trois de
suite de cette façon sur un même essaim.
3°. Quand l'essaim dont il s'agit est un
de ceux que l'on veut rendre à sa mere,
soit que ce soit un second ou un troisieme, si on n'a pu avoir la reine par
les moyens indiqués, on recevra pour
lors cet essaim dans une ruche à l'ordinaire; & quand il y en aura la plus grande
partie d'entrées, on la bouchera avec
un linge blanc, ou avec un mouchoir,
en sorte qu'aucune Abeille n'en puisse
sortir, en observant néanmoins de mettre
ensuite cette ruche à l'ombre, & de la
tenir élevée d'un bon pouce, pour lui
donner de l'air par-dessous, de peur que
les Abeilles n'y étouffent de chaleur :
le lendemain du grand matin, c'est-à-
dire, avant le lever du soleil, on se mu-
nira d'une cuiller à pot ordinaire, telle
qu'on en a dans les cuisines; on prend
la ruche, on la développe, & on va se
mettre devant la ruche d'où est sorti
l'essaim; on met une planche large de

vant cette ruche, de sorte qu'elle pose à terre d'un côté & de l'autre près du banc de la table à l'entrée de la ruche; on prend pour lors dans la ruche où est l'essaim, avec un cuiller à pot, autant d'Abeilles qu'on y peut en faire entrer, & on les pose doucement sur le haut de la planche, près de l'entrée de la même ruche, c'est-à-dire, à trois ou quatre pouces de cette entrée; on les y voit toutes remonter avec une joie extrême: pour lors on les examine bien; & si on est aussi attentif qu'on doit l'être, on voit sûrement la reine dans le nombre, qui remonte avec les autres le long de la planche, pour gagner la mere ruche, & on la prend; si cette reine ne se trouve pas dans la premiere ou seconde cuiller, elle se trouve dans l'une ou l'autre des suivantes. Pour rendre cette derniere opération plus sûre, on pourroit faire faire une machine de fer-blanc, ou même de bois & d'ardoise, de cinq à six pouces de longueur, sur deux ou trois de largeur, qui seroit à jour, & faite précisément comme une espece de peigne; certains peignes pourroient même y servir; il faudroit que les dents fussent assez éloignées les unes des autres, pour laisser passer les Abeilles

au travers, mais cependant pas aſſez
pour donner paſſage à la reine, qui eſt
plus groſſe; on la verroit alors faire
de vains efforts pour paſſer contre les
autres. Au lieu de faire faire cette machine de cinq à ſix pouces, on pourroit l'avoir prête, & l'appliquer à l'entrée de la ruche. 4°. enfin, l'eſſaim étant
venu & renfermé dans la ruche, ſoit
avec un linge, ſoit avec un mouchoir,
on remplit d'eau aux deux tiers un
tonneau défoncé par un bout, qu'on
aura ſoin auparavant de tenir tout prêt
pour cet uſage ; on développe la ruche,
& on l'enfonce ſur le champ dans l'eau,
juſqu'à ce qu'on ne la voie plus, c'eſt-
à-dire, juſqu'à ce que les Abeilles paroiſſent toutes mortes ou mourantes ;
c'eſt pour lors qu'on les pêche dans l'eau
avec une écumoire, & on les poſe ſur
une ſerviette ou ſur une table que l'on
place à l'ombre ; on les trie & on y
cherche les reines : on les met chacune
ſous un verre, qu'on ſouleve avec de
petites calles, pour leur donner de l'air;
& on les laiſſe ſe ſécher plus promptement
en obſervant de les mettre au ſoleil ;
il eſt inutile de recommander de prendre
garde de les écraſer & de les frotter
trop rudement l'une contre l'autre, en

faifant le triage : cette attention n'é-
chappera à perfonne. Quand on a fait
tout cela, on paffe un linge vieux,
blanc & fin, ou bien un mouchoir fin,
de temps à autre, fur les Abeilles qu'on
aura remifes au foleil pour les faire fécher; & à mefure que la chaleur de cet
aftre les réchauffe, on les voit toutes,
les unes après les autres, regagner leur
mere ruche, où el'es feront bien reçues :
plus le tonneau eft grand & fpacieux,
mieux l'opération fe fait : il faut auffi
que l'eau foit bien fraîche ; plus elle
le fera, mieux cela ira. On a donc par
ce moyen les reines. On les effuyera légerement & à plufieurs reprifes avant
de les mettre chacune fous leurs verres ;
un morceau de papier gris peut fuffire
pour elles, en le paffant légerement fur
leur corps : on vient pour lors à la ruche
dont on veut poffér l'effaim, & qu'on
fuppofe conftruite felon la méthode de
M. Ducarne de Blangy ; on la taille par
le milieu, on ôte la partie fupérieure,
& on la pofe fur trois hauffes vuides,
difpofées fur une planche à côté, après
quoi on met un couvercle à l'autre moitié de la ruche, à la partie inférieure,
& on la pofe enfuite elle-même fur trois
autres hauffes difpofées comme les pre-

E iij

mieres, & qui font auffi à côté, après
quoi on met un couvercle à l'autre
moitié de la ruche, à la partie inférieure,
& on la pofe enfuite elle-même fur trois
autres hauffes difpofées comme les premieres, & qui font auffi à côté, pofées
fur une autre planche, ou fur la table
même, fuppofé qu'il s'y trouve une place
vuide. Cela fait, on remet à fa premiere
place l'une ou l'autre des deux moitiés
de ruche, & on porte l'autre à quelque
endroit vuide du rucher.

Quand les deux moitiés du rucher
feront pofées chacune à leur place, on
ira les examiner l'une après l'autre, pour
voir celle des deux qui ne paroîtra point
contente, ce qu'on reconnoît à l'air mé-
lancholique & taciturne des Abeilles, &
fur-tout à leur inaction prefque totale :
les meres iront leur train ordinaire, &
les autres ne broncheront pas de leur
ruche : cela fignifie que ces dernieres
n'ont plus de reine; il faut pour lors
leur en donner une : on déprifonne donc
une jeune reine de deffous la maifon de
verre, & on l'apporte à la ruche mé-
contente ; pour l'y faire entrer, on fou-
leve cette ruche d'un demi-pouce au
deffus de la table, & on y préfente la
jeune reine, qui ne fera point de façon

pour y entrer : le plus court est d'apporter le verre, en bouchant l'ouverture
avec la main ou autrement, & de la
pencher contre l'une ou l'autre des ouvertures qui sont tout autour de la
ruche, & de l'y laisser entrer d'elle-
même; il faut pourtant toujours prendre
garde à ce qu'elle ne vienne pas à s'é-
chapper & à s'enlever ; car elles n'y
entrent pas toutes de bonne grace, sur-
tout quand on n'a pas soin d'approcher
le bord du verre assez près de la ruche,
& de baisser cette ruche quand elle y
est entrée.

Lorsque cette pauvre prisonniere est
une fois entrée dans la ruche, c'est une
grande réjouissance, on bat la caisse ;
les Abeilles, qu'un instant auparavant
on voyoit tristes, mornes & taciturnes,
ne sont pas reconnoissables ; leur joie est
sans égale, & un bourdonnement uni-
versel l'annonce bien clairement ; enfin,
peu de momens après, elles vont aux
champs, & reprennent leurs travaux ordinaires. Le meilleur temps pour séparer
la ruche en deux, est vers les six heures
du soir, c'est-à-dire, environ une heure
avant le soleil couchant, de crainte que
les Abeilles de l'une des deux moitiés,
qu'on portera à une autre place, ne sor-

E iv

tent en grand nombre & ne rétournent à l'autre moitié. M. Ducarne de Blangy paſſe enſuite aux moyens qu'on peut employer pour faire eſſaimer les ruches. 1°. dit-il, quand une ruche forte & bien peuplée tarde trop à donner ſon premier eſſaim, on lui donnera par-deſſous deux & même trois hauſſes vuides à la fois; ce qui dégoûte ſans doute les Abeilles, en leur préſentant trop d'ouvrages à faire; & ſi l'eſſaim a une jeune reine en état de ſe mettre en campagne, il partira ſouvent le même jour, ou tout au moins dans les trois jours qui ſuivent cette opération : ſi au contraire on les y voit travailler plus que de coutume, peu de momens après les leur avoir donnée, c'eſt une preuve qu'elles ne veulent pas eſſaimer de ſi-tôt; ce qui eſt très-rare, ſelon M. Ducarne de Blangy, & ce que nous avons expérimenté au contraire être fort commun: c'eſt même là, ſuivant nous, le vrai moyen de les empêcher d'eſſaimer, ſe trouvant pour lors avoir aſſez d'eſpace pour ſe contenir toutes dans la ruche. 2°. M. Ducarne de Blangy ajoute qu'il parvient encore quelquefois au même but, en élevant d'abord ſes ruches de deux ou trois pouces au-deſſus de la table, sur laquelle elles sont posées, pour les rafraîchir en leur procurant beaucoup d'air, & en les baissant ensuite tout à coup par un temps chaud : deux ou trois jours après cette opération, la chaleur subite & inattendue les fait partir quelquefois encore ; c'est même là, selon nous, la vraie façon.

Quand une ruche a essaimé, continue M. Ducarne de Blangy, on lui rendra une visite le jour même ou lendemain, pour voir si elle est encore forte, si elle est encore bien pourvue de monde ; ce qui est facile à reconnoître en la levant d'un côté, & en examinant ses rayons ; si on y voit les Abeilles couvrir en grand nombre leurs ouvrages, & s'il y en a une certaine quantité qui se promene sur la table, on peut dire que la ruche est en état de donner un second essaim qui ne vaudra guere moins que le premier. Si la saison n'est pas trop avancée, on laisse pour lors sa ruche tranquille, sans y toucher ; mais si le premier essaim n'est venu qu'après le 8 ou le 10 Juin, on met sous cette ruche trois ou quatre petites cales pour la soulever de cinq ou six lignes tout autour, & lui donner de l'air : deux ou trois jours après, on la retourne le devant derriere ; on peut

E v

par-là réuſſir à l'empêcher d'eſſaimer une
ſeconde fois. Si huit ou quinze jours
après avoir donné ſuffiſamment d'air, &
après avoir retourné la ruche, on s'apperçoit qu'elle ſe rempliſſe conſidérable-
ment d'Abeilles, en ſorte qu'elle ait peine
à les contenir, & qu'elles ſoient obligées
de gagner les dehors de la ruche pour
ne pas s'y trouver étouffées, on la retourne une ſeconde fois, on la remet
dans ſa premiere ſituation, & on lui
met des cales plus épaiſſes, pour la
ſoutenir, de deux ou trois pouces, ſelon
le beſoin.

Si en la retournant on ſent qu'elle
eſt d'un grand poids, pour lors, ſi elle
n'eſt compoſée que de cinq ou ſix hauſſes,
on lui en donnera une autre vuide par-
deſſous; mais ſi elle ſe trouvoit déjà être
de ſept hauſſes, quoique ce nombre ſoit
le plus grand dont une ruche doive ſe
trouver garnie, on ne laiſſera pas
de lui en donner une huitieme, & on
la taillera dans la journée, c'eſt-à-dire,
trois ou quatre heures après lui avoir
ajouté cette huitieme hauſſe.

Quand une ruche a eſſaimé & que
l'eſſaim eſt recueilli, il n'a plus beſoin
de nos ſoins, ſi le temps eſt favorable ;
maiss'il eſt froid, mauvais, & pluvieux,

il faudra le nourrir : on s'y prendra,
pour cet effet de la maniere suivante.
On perce avec un gros vilbrequin, cu
avec toute autre chose, un trou de trois
ou quatre lignes d'ouverture dans le
couvercle ou dans le haut des ruches,
& on introduit dans la ruche par le trou
du miel liquide, en obfervant de n'en
introduire qu'une cuillerée à la fois, afin
que le miel s'arrête entre les Abeilles,
& ne defcende pas jufqu'au bas de la
ruche : pour rendre ce miel liquide, on
le fait fondre, & on le leur donne un
peu tiede : fi l'effaim n'eft pas affez confidérable pour remplir toute la capacité
de la ruche, il faudra voir de quel côté
il eft, & faire l'ouverture de ce côté-là,
afin de faire tomber le miel fur les
Abeilles qui le prendront à mefure qu'il
tombera. Lorfqu'on veut conferver pendant plufieurs jours liquide le miel qu'on
leur donne, & l'introduire froid dans la
ruche, il faudra, quand on le fera
fondre, y ajouter un peu de vin, ou
même un peu d'eau : après avoir donné
cette nourriture, on bouche l'ouverture
avec un peu de terre humide, ou avec
une broche de bois ; on obfervera auffi
de laiffer une demi-heure d'intervalle
entre les différentes fois qu'on leur en

E vj

donnera dans la journée, afin de leur laisser le temps de se lécher l'une l'autre. Dès qu'on en donne deux cuillerées par jour, cela suffit, à moins que l'essaim ne fût si considérable, qu'il fallût lui en donner trois.

Il est à observer que quand on pose sur un rucher la ruche où on vient de recueillir l'essaim, si on veut l'assurer & faire bien joindre les hausses & le couvercle l'un contre l'autre, il faut poser sur la ruche une ou plusieurs planches, sur lesquelles on mettra une pierre pesant dix à douze livres; s'il n'y en a pas assez d'une, on en mettra deux, ou même quatre s'il le faut : cette attention est sur-tout indispensable en hiver, où la chaleur intérieure de la ruche n'est plus capable de contrebalancer la sécheresse du dehors.

Une autre attention aussi nécessaire pour les bons essaims du mois de Mai, c'est de mettre quatre petits coins ou cales sous leurs ruches, pour leur donner un peu d'air ; deux ou trois lignes suffisent tout autour de la ruche.

Si le temps est pour lors très-chaud, c'est une raison de plus pour engager à donner de l'air; mais la principale raison de cette pratique est pour empêcher les essaims d'essaimer eux-mêmes un mois ou six semaines après. Cette précaution, toute simple qu'elle est, suffit pour cela. Voilà ce qui concerne les premiers jours après la récolte d'un essaim; trois semaines après, on le visitera pour lui donner une nouvelle hausse, au cas qu'il ait rempli exactement sa ruche de cire, & que cette ruche se trouve d'un poids considérable : & en effet, il est à observer en général, que les Abeilles ne travaillent pas en cire qu'elles ne s'y voient forcées par l'abondance de la récolte, ou par la trop grande fécondité de la reine; de sorte que, si on leur présente trop de vuide à la fois, & dans des circonstances où elles n'en aient pas besoin, on les décourage & on les rebute tout à la fois : cette regle générale est de la plus grande importance; elle doit être universelle pour toutes sortes de ruches, & en ne s'en écartant pas, on est toujours sûr de réussir; il ne s'agit que d'être attentif à saisir les circonstances où il en faut faire usage; c'est même de là que dépend tout le bénéfice qu'on peut tirer d'une ruche.

Tant qu'une ruche n'est pas remplie de cire jusqu'à environ un doigt près de la table, c'est une preuve que cette ruche n'a pas befoin de hauffes ; fi les Abeilles prévoyoient en avoir befoin, elles la rempliroient exactement ; le vuide qu'on leur fourniroit pour lors ne ferviroit donc qu'à les décourager, en leur préfentant plus d'ouvrage qu'elles n'en peuvent faire ; c'eft là où eft le vrai nœud gordien : on ne donnera donc jamais de hauffe à aucune ruche, telle qu'elle foit, que préalablement elle n'ait rempli les fiennes par-tout, & qu'en outre elle ne foit d'un grand poids : pour déterminer ce poids, il faut avoir égard à la faifon ; plus la faifon eft avancée, plus les ruches doivent pefer. Dans le mois de Mai une ruche compofée de quatre hauffes, ne peut être hauffée de nouveau, qu'elle ne pefe trente-cinq ou trente-fix livres, & trente-huit ou quarante dans le mois de Juin. Le mois de Juin paffé, on ne doit plus en hauffer une feule, à moins que le monde n'y fût en fi grande abondance, qu'on les voye couvrir la ruche de tout côté. Une ruche de cinq hauffes doit pefer en Mai quarante livres au moins, & quarante-cinq livres vers le 15 de Juin : une de fix hauffes, cinq livres de plus dans chaque faifon ; il en eft de même d'une ruche qui feroit compofée de fept haufles : en général, plus le nombre des haufles eſt grand, plus elles doivent pe-ſer; en ſorte qu'une ruche de ſept haufles doit être plus peſante à proportion qu'une autre de cinq haufles. M. Ducarne de Blangy ne haufle aucune ruche de cette eſpece à la fin de Juin, qu'elle ne peſe au moins ſoixante livres : au reſte, on ne peut dire à ce ſujet que des à peu près, cette opération dé-pendant de pluſieurs circonſtances.

Réſumons : il faut donc, pour haufler une ruche, qu'elle ſoit exactement pleine de monde, qu'elle ſoit d'un grand poids & pleine de cire, en ſorte qu'on ne puiſſe voir dans cette ruche un vuide d'un pouce en aucun endroit, ou, pour mieux dire; il ne faut la haufler qu'à la derniere extrémité : à la bonne heure, on pourra lui donner deux ou trois pou-ces de vuide au moyen des cales, & rien de plus, ſur-tout ſi la ruche eſt à ſix ou ſept haufles; mais quand elle n'eſt qu'à quatre ou cinq, il ne faudra pas être ſi difficile. M. Ducarne de Blangy rapporte que toutes les fois qu'il a obſervé cette regle, il s'en eſt très-bien trouvé; il faut par conſéquent bien prendre garde de les haufler trop tôt, car on ne fera rien qui vaille; on les

retournera auffi devant derriere, lorfqu'en les hauffant on voudra les empêcher d'effaimer.

M. Ducarne de Blangy entre enfuite
dans des détails fur la taille des ruches.
Nous allons fuivre cet Auteur praticien
dans tous ces détails. On ne peut, dit-
il, retirer du miel de fes ruches, qu'elles
ne foient compofées de fept hauffes
exactement pleines de cire & de monde,
& d'un poids d'autant plus grand, que
la faifon eft plus avancée, c'eft-à-dire,
que les mêmes regles que nous venons
de prefcrire pour hauffer les ruches,
doivent avoir lieu pour les tailler : on
ne peut auffi les tailler que jufqu'au
premier Juillet ; mais cette opération
exige des attentions particulieres.

1°. Quand une ruche compofée de
fept hauffes aura rempli les conditions
fufdites, & lorfqu'elle pefera fur la
fin de Juin foixante-quatre ou foixante-
cinq livres, on lui donnera un vuide
dans la matinée, & on la taillera l'après-
dîner : quand on la veut tailler dans le
mois de Mai, il fuffira qu'elle pefe cin-
quante-quatre livres. 2°. On ne doit jamais tailler les ruches avant le 10 ou
12 Mai. 3°. On ne doit pas le faire que
la récolte ne foit commencée, ce qu'on

reconnoît à l'ardeur des Abeilles pour le travail. 4°. Il ne faut jamais ôter plus d'une hausse à la fois. 5°. Le moment de la taille doit être favorable au travail ; en sorte que, si le matin du jour où on veut la tailler, on s'apperçoit d'une espece d'inanition dans le plus grand nombre des ruches, il faudroit retarder cette opération jusqu'au lendemain : cette attention est nécessaire aussi quand on les hausse ; il ne suffit pas encore que le temps soit beau, il faut de plus qu'il soit favorable à la récolte du miel. Voyons actuellement comme se fait cette opération.

On dégraisse une ruche, ou, pour mieux dire, on la taille en coupant la tête de cette ruche, c'est-à-dire, en lui enlevant la hausse supérieure : pour cet effet, on soulevera aisément, avec un ciseau de menuisier ou avec la lame d'un fort couteau, la hausse qu'on veut ôter, en la séparant un peu de la suivante, à laquelle elle est adhérente. 2°. Il faut mettre de petits coins de bois entre deux, pour donner au fil de fer ou de laiton la liberté de passer entre deux avec aisance, quand on en fera la séparation. 3°. On passe pour lors doucement, & en sciant le fil de fer entre les deux hausses, il les sépare, & cela dans un instant. Le fil de fer ou de laiton qu'on emploie à cet usage, est un fil de fer ordinaire, mais fort mince: avant de s'en servir, on le fait passer pendant quelques minutes au feu, pour le rendre plus pliant, afin qu'il ne casse pas pendant l'opération. 4°. La séparation faite, on enleve la hausse pleine de cire & de miel, soit par la poignée de ficelle qui se trouve au milieu du couvercle, soit en la prenant avec les deux mains. Il faut toujours commencer par lever un peu du côté de cette hausse; le reste se détache alors plus facilement: pour plus de facilité encore, il conviendroit d'avoir une poignée qui s'attacheroit à vis au couvercle, & qu'on ôteroit après l'opération faite; car on ne sauroit ôter la hausse trop légerement & remettre trop vîte un couvercle sur la hausse suivante. Plus cette opération est faite avec vîtesse, moins il sort d'Abeilles de la ruche, & moins on en est inquiété.

Ce couvercle doit être bien propre, & frotté en dedans d'un peu de miel, ou avec des feuilles de grosses feves. Si dans le nombre des couvercles, qu'on a toujours de relais, il s'en trouve un

qui ait déjà servi & où il soit resté un
peu de cire, on s'en servira par préférence. Si on n'en avoit pas d'autres
que des neufs, il faudroit, avant tout,
commencer par boucher avec du pourjet
toutes les jointures des planches, pour
n'y laisser aucun jour : une autre attention plus utile seroit de faire mettre le
long des bords des couvercles qui seroient uniquement destinés à cela, de
petites tringles de deux ou trois lignes
d'épaisseur, & de cinq ou six lignes
de largeur, pour laisser, entre les planches du couvercle & les rayons de miel
de la hausse qu'on veut couvrir, un espace vuide de deux ou trois lignes, afin
de ne pas écraser les Abeilles entre les
planches & les rayons ; car sans cette
précaution, il y en périt toujours un
certain nombre, que les autres ne peuvent plus arracher de là pour les porter
dehors.

5°. Aussi-tôt qu'on aura posé droit
le couvercle, ce qui ne demande qu'un
clin d'œil, on renversera la hausse sens
dessus dessous, le couvercle en bas,
pour empêcher le miel de couler, & on
le posera, dans cette situation, ou sur
une planche qui sera préparée à côté,
ou sur la table même, s'il s'y trouve

une place vuide. 6° Si en ôtant la hausse de dessus la ruche, on s'apperçoit qu'il est tombé dans cette opération quelques rayons, ou seulement quelques morceaux de rayons de la hausse supérieure, sur la tête des rayons de la ruche, dès qu'on aura posé la hausse à côté, on ira, sans perdre de temps, lever le couvercle qu'on vient de poser sur la ruche, & ôter sur le champ les morceaux de rayons avec la main ou autrement, pour y remettre ensuite le couvercle. La coutume de M. Ducarne est de les ôter, quand il y en a, aussi-tôt qu'il a levé la hausse, & de n'y poser le couvercle qu'après l'avoir ôtée. A cet effet, il tient d'une main la hausse qu'il a ôtée, & de l'autre il nettoie le dessus des rayons; après quoi il prend le couvercle qui est tout près à côté, & il la pose; ce qui trouble beaucoup moins les Abeilles, & ne les met pas de si mauvaise humeur que si, après avoir posé le couvercle, on l'alloit ensuite ôter pour l'y remettre.

7°. Cela fini, on revient à sa hausse, qu'on couvre avec une autre hausse vuide & garnie de son couvercle. S'il reste un peu de cire dans cette hausse, elle n'en sera que meilleure. Quelque temps après, les Abeilles, qui sont quelquefois en affez grand nombre dans la hauffe pleine, remonteront dans l'autre, & s'y raffembleront prefque toutes dans l'efpace d'une demi-heure ou trois quarts d'heure tout au plus : on ôte alors cette hauffe, & on la va pofer près de l'entrée de leur ruche, où elles rentrent avec les autres. Quand il fait beau, M. Ducarne de Blangy fe contente quelquefois de fecouer cette hauffe & de faire tomber les Abeilles à terre devant la ruche, qu'elles regagnent l'une après l'autre & après s'être féchées l'une & l'autre : enfin on remet la hauffe vuide garnie de fon couvercle, fur la hauffe pleine, jufqu'à ce qu'il ne refte plus ou prefque plus d'Abeilles ; & on les fecoue autant de fois ; ce qui fe fait à loifir. M. Ducarne de Blangy en a laiffé dans cette hauffe vuide jufqu'au lendemain, qu'il les a rendues à leur merci. Cela fait, on arrange le couvercle fur la ruche comme il doit l'être ; on y met la planche & les bâtons ; & on y ajoute une ou plufieurs pierres, pour faire appuyer le couvercle contre la hauffe fupérieure, & la faire fiéger par-tout.

Il ne refte plus enfuite qu'à mettre du pourjet fin entre le couvercle & la hauffe, aux endroits où il peut y avoir

du jour : on prend pour lors la hauſſe
pleine de cire, & on va chez ſoi jouir
à ſon aiſe du fruit de ſon travail, ou
plutôt de celui des Abeilles, c'eſt-à dire,
s'emparer du miel & de la cire que contient la hauſſe qu'on vient de leur enlever. Cette méthode de tailler convient
également aux eſſaims & aux Abeilles ;
mais il y en a une autre de tailler les eſſaims, qui vaut encore mieux : elle ſuppoſe d'abord tout ce qu'on vient de dire
pour l'autre méthode, à la ſeule différence, qu'au lieu de donner aux ruches
qu'on veut tailler une hauſſe par le bas,
on la leur donne par le haut, c'eſt-à-dire,
qu'après leur avoir ôté une hauſſe ſupérieure, on leur en met une vuide
à la place de celle-là : mais cette façon
de tailler ne peut avoir lieu que dans
certaines circonſtances qui ne ſe rencontrent pas toujours. Il faut d'abord
que l'eſſaim ſoit du mois de Mai, ou des
deux ou trois premiers jours de Juin ;
2°. qu'il ſoit fort & bien peuplé ; 3°. que
ſa ruche ſoit compoſée de quatre &
même de cinq hauſſes, & qu'elle ſoit
d'un poids raiſonnable ; cependant il n'eſt
pas néceſſaire que le poids ſoit auſſi
conſidérable que dans la méthode précédente. Dès que cette ruche de cinq

hausses pese trente-deux ou même trente livres, c'en est assez; celle de quatre hausses doit peser au moins vingt-six livres: 4°. que cette ruche soit pleine de cire ou à peu près; 5°. que la saison ne soit point avancée : on ne peut les tailler de cette derniere façon que jusqu'au 26 ou 27 Juin. Si on vouloit le faire au premier Juillet, il faudroit qu'au lieu de vingt-six ou de trente livres, elles pesent chacune cinq ou six livres de plus; 6°. que le jour de la taille soit favorable à la récolte; 7°. enfin, que la hausse supérieure de cette ruche n'ait que deux pouces, ou tout au plus deux pouces & demi de hauteur, au lieu de trois pouces, comme font les autres.

M. Ducarne de Blangy expose ensuite les raisons qui l'engagent à exiger toutes les conditions ci-dessus détaillées. l'essaim doit être du mois de mai, sans quoi il n'y auroit pas un espace de temps assez considérable jusqu'au 26 Juin, pour remplir les autres conditions. Par la même raison, cet essaim doit être fort : quant au poids, comme la hausse supérieure est supposée n'avoir que deux bons pouces de hauteur, le poids demandé suffit; & la raison pour

laquelle la mesure doit être d'environ 2
pouces pour la hausse supérieure, est
celle-ci. Si elle se trouvoit de 3 pouces,
on pourroit trouver dans sa partie inférieure beaucoup de couvains, c'est-à-
dire, à deux pouces près du couvercle,
car les deux pouces sont presque toujours
remplis de miel pur; il faut donc, pour
tous les jeunes essaims du mois de Mai
qu'on se propose de tailler selon cette
méthode, avoir d'avance la précaution de
les loger dans des ruches dont la hausse
supérieure n'ait qu'environ deux pouces
de hauteur : si pourtant on avoit négligé
de le faire, il y auroit encore moyen d'y
remédier; c'est qu'au lieu de séparer la
hausse supérieure, au moyen du fil de
fer, on se contenteroit de soulever d'a-
bord le couvercle de quelques lignes avec
la pointe du ciseau, & de l'arracher ensuite avec violence & avec le plus de
légereté qu'il sera possible, pour y remettre sur le champ une hausse vuide
de deux pouces ou de deux pouces &
demi de hauteur, garnie d'un couvercle, ou simplement un couvercle, si la
saison est avancée, telle que la fin de
Juin : dans ce dernier cas, au lieu de
remettre un couvercle neuf en place de
celui qu'on a retiré ou arraché, on
peut

peut faire mieux, c'est-à-dire, remettre le même couvercle, après en avoir coupé & fait tomber dans un plat qui sera préparé à côté de soi, les gâteaux ou rayons de miel qui y seront attachés : pour ce faire, quand on a arraché le couvercle, on commence par couvrir la ruche avec un autre couvercle, pour empêcher les Abeilles de sortir. On racle ensuite le couvercle de la ruche avec la lame d'un couteau, pour faire tomber les rayons de miel dans le plat. On ôte de dessus la ruche le couvercle qu'on y a mis, & on y remet celui qu'on vient d'en arracher. Comme il y reste encore un peu de miel ou quelques parcelles de cire, que d'ailleurs il a conservé jusques-là le goût de la ruche, les Abeilles le reconnoissent, & y travaillent encore de meilleur cœur qu'elles ne le feroient, si on leur donnoit un couvercle neuf.

M. Ducarne de Blangy finit la première partie de son ouvrage, en rapportant la méthode usitée en Lusace, pour former les essaims, sans attendre qu'ils sortent d'eux-mêmes : cette méthode est très-ancienne dans ce pays. Au lieu de recueillir les essaims, lorsqu'ils abandonnoient la mere ruche, on

faifoit éclore le couvain dans une ruche
à jour ; on y renfermoit les Abeilles né-
ceffaires à fon développement : la petite
colonie fe formoit en peu de temps , &
produifoit une reine; mais M. Schirach,
homme de beaucoup d'efprit, a per-
fectionné cette méthode , en la rendant
plus fimple & moins coûteufe : il a fait
faire pour cet effet trois hauffes de
onze à douze pouces ; le dixieme Mai ,
il place dans chacune un gâteau de cire
vuide , un de couvain , & un troifieme
rempli de miel. Le morceau de couvain
contenoit des œufs , des vers , & des
nymphes , fans aucune cellule royale ;
il ajouta à ces gâteaux trois cents
Abeilles ordinaires , qu'il enferma : dès
le troifieme jour on n'entendit plus que
le léger bourdonnement qui annonce
dans ce pays la formation de la petite
république , & les préparatifs qu'elle
fait pour la naiffance des reines.

Les Abeilles étant pourvues de miel ,
pour 14 jours, M. Schirach ne les laiffa
fortir que le huitieme ; dès le lendemain
elles allerent, comme à l'ordinaire, faire
leur récolte : le dernier de Mai, il ouvrit
les hauffes, & vit que chacune fe dif-
pofoit à produire une reine. Quelques
jours après , M. Schirach entreprit de

former l'essaim ; de grand matin il chercha dans les hausses les trois reines ,
qu'il enferma dans leur cellule natale ;
sur les dix heures, il fit reporter dans
son rucher trois anciennes ruches qu'il
en avoit déplacées à dessein dès le
mois de Mars , pour les mettre dans
son jardin. Il leur fit aussi-tôt substituer
dans le même endroit du jardin où elles
se trouvoient auparavant, trois ruches
exactement semblables , mais vuides ,
& frottées dans l'intérieur avec de la
mélisse , ou des feuilles de feves. Les
Abeilles parties des premieres ruches ,
& qui retournoient à leur demeure chargées de leur butin , se rendirent aux nouvelles ruches qu'on leur avoit substi-
tuées. Plusieurs d'entre elles s'apper-
çurent qu'elles avoient été trompées,
& sortirent aussi-tôt ; mais dans la
demi-heure suivante, M. Schirach ayant
mis dans chacune des trois nouvelles
ruches une des reines, toujours détenue
dans sa cellule, & y ayant fait entrer
en même temps les Abeilles ouvrieres
qui l'avoient fait éclore, elles se rassem-
blerent peu à peu, ainsi que celles qui
venoient des champs, autour de la
reine, en un monceau ; dès le soir
même ce n'étoit qu'un peuple, qu'une

souveraine, qu'une même armée. Le
lendemain elles se répandirent avec empressement dans les champs. Trois jours
après, leur travail étoit devenu si considérable, qu'on avoit trouvé, pour
ainsi dire, la reine emprisonnée; de
sorte qu'on eut assez de peine à la dégager, pour la tirer de sa captivité :
chaque ruche contenoit neuf gâteaux
& du miel. M. Scirach assure que bien
des essaims sont à peine aussi riches
que l'ont été ces nouveaux essaims: quant
aux anciennes ruches, que cette déser-
tion auroit dû affoiblir, elles furent
visitées le jour même de leur déplacement. Suivant un usage admirable de
ces curieux insectes, il ne sort gueres
d'une ruche, pour aller à la récolte,
que le quart des Abeilles qui la composent : aussi n'y trouva-t-on que ce
quart de moins ; c'étoient celles qui
étoient absentes lors de ce déplacement
mais les Abeilles de ces ruches ne re-
prirent leur travail avec ardeur que le
cinquieme jour, que leur couvain ayant
commencé à éclore, & la ruche se trouvant peuplée de jeunes Abeilles, elles
furent en état de le faire comme auparavant.

Dans le Mercure de France du mois

d'Août 1770, on trouve une nouvelle façon de tranſvaſer les ruches & de s'emparer facilement des reines, dont on peut avoir beſoin pour quelque opération ; on a pour cet effet une planche mince percée de pluſieurs petits trous : on poſe cette planche ſur trois ou quatre piquets à dix ou douze pouces de terre ; on prend enſuite la ruche dont on veut avoir la reine, & on va la poſer ſur la planche percée ; alors on frappe doucement d'abord, & enſuite un peu plus rudement ſur cette planche avec une ou deux baguettes, juſqu'à ce qu'après avoir vu paroître à la porte de la ruche pluſieurs Abeilles ouvrieres, qui viennent ſans doute reconnoître le danger, on apperçoive enfin la reine elle-même, qui daigne mettre la tête à la portiere ; alors, & ſans aucun délai, on place ſous la planche percée un réchaud dans lequel on a mis un linge fumant, ou de la tourbe ; la fumée paſſe au travers des trous de la planche, & monte dans la ruche, où elle engourdit la pauvre reine, qui ne peut plus remonter, & ſe trouve bien attrapée ; car on s'en ſaiſit à ſon aiſe, & on va la mettre ſous un verre, pour en faire enſuite ce qu'on veut.

F iij

M. Mils, Anglois, qui paſſe pour un homme de beaucoup d'eſprit, ſe ſert depuis long-temps de cet expédient pour s'emparer de la reine des ruches, avec la ſeule différence, qu'au lieu de planche percée, il ne met rien, & laiſſe la ruche à ſa place, ou ſimplement ſur une planche, & qu'au lieu de réchaud pour étourdir la reine quand elle eſt deſcendue, il la ſaiſit le moins rudement qu'il eſt poſſible, pour ne point l'eſtropier.

On trouve dans l'Ouvrage de M. Ducarne de Blangy, comme par ſupplément, une nouvelle façon de renouveler les vielles ruches, différente de toutes celles que nous avons rapportées. Cette méthode conſiſte à ſéparer d'abord en deux parties la vieille ruche, comme pour lui prendre ſon eſſaim, & à poſer enſuite les deux moitiés de ruche l'une à côté de l'autre, après avoir mis ſur chacune trois ou quatre hauſſes vuides & préparées, comme pour un eſſaim; bien entendu néanmoins qu'on les recouvrira toutes deux d'un couvercle: on les approche à environ un pouce l'une de l'autre; on leve de cinq ou ſix lignes le côté de chacune qui regarde l'autre, pour leur donner la facilité de paſſer

de l'une à l'autre; on place ensuite un
petit canal de communication qui aille
de l'une à l'autre, & on condamne
toutes les autres ouvertures, à l'exception des entrées des deux moitiés des
ruches; il n'y fera resté que la cire & un
peu de couvain manqué; elles auront
de concert choisi celle des demi-ruches
qui se fera trouvée le plus de leur goût;
& cette façon de renouveler les vieilles
ruches est une des plus faciles & des
plus sûres : on peut la pratiquer depuis
le moment où une vieille ruche se trouve
remplie d'un grand peuple, jusqu'à la
Saint-Jean, & même jusqu'au 15 de
Juillet, si, lors de l'opération, elle se
trouve déjà avoir une certaine quantité
de miel : cette ruche se trouve pour
lors être moitié vieille & moitié nouvelle, ce qui ne doit point rester trop
long-temps en cet état. Le mois d'Octobre venu, on taille cette ruche par
le bas, c'est-à-dire, que si les vieux
rayons remplissent quatre hausses, on
lui ôte les deux hausses inférieures, les
deux de dessous; & si elle n'en avoit
que trois occupées par les vieux ouvrages, on ne lui en ôte qu'une, afin
de lui en laisser deux pour soutenir les
nouveaux rayons qu'elles auront cons-

truits dans les trois ou quatre hausses
vuides, qui en forment la partie supérieure.

On ôte ensuite, vers la fin de Mai
ou dans le courant de Juin de l'année
suivante, les deux hausses pleines de
vieux ouvrages, c'est-à-dire, quand on
a lieu de penser que les Abeilles ont
affermi & assuré d'une façon solide les
nouveaux rayons, ce qu'elles ne manquent pas de faire en Mai, & même
dès la fin d'Avril, quand la saison est
favorable. Si néanmoins cette ruche étoit
légere, le risque seroit beaucoup moindre, & on pourroit le faire plutôt; mais
le plus sûr est d'attendre quelques jours
de plus : quand on aura ôté toutes les
vieilles hausses, si la ruche paroît bien
peuplée, on lui rendra une hausse vuide
par le bas ; & on observera ensuite,
à l'égard de ces ruches, les mêmes choses
qu'on recommande ordinairement pour
toutes les autres.

M. Ducarne de Blangy passe ensuite
à la seconde partie de son Traité de
l'éducation économique des Abeilles.
Nous ne suivrons pas notre Auteur dans
cette partie de son Traité, en ayant déjà
suffisamment parlé ; nous nous contenterons seulement, d'après lui, de la mé-

thode de prendre aux Abeilles leur provifion fans les faire périr.

Cette méthode confifte à réunir dans une même ruche pleine de cire & de miel, les Abeilles de deux ou de plufieurs ruches qu'on veut renouveler, ou dont on veut prendre les provifions, fans les détruire elles-mêmes : on tranfvafe toutes ces ruches en un même jour ; mais avant tout il faut avoir l'attention que, dans le nombre de ces ruches qu'on veut tranfvafer, il s'en trouve quelques-unes qni foient d'un poids affez confidérable pour fournir à la fubfiftance de toutes les Abeilles qu'on fe propofe d'y renfermer, fans quoi on ne peut faire ufage de cette méthode : il faut auffi que cette ruche forte foit affez fpacieufe pour contenir à l'aife toutes les Abeilles qu'on y mettra, qu'elle foit en bon état, fans être trop vieille.

Si on n'avoit point de ruche affez forte pour nourrir tout fon monde, après leur avoir rendu fous la ruche tous les rayons de miel qu'on avoit pu tirer de toutes celles qu'on auroit tranfvafées, on pourroit encore leur donner du miel par-deffus le marché, & autant qu'il leur en faudroit, ou bien on ne tranfvaferoit point, & on donneroit du

miel à toutes; on parle ici de celles
qui font trop vieilles, & qu'on eft obligé
de tranfvafer pour les mettre dans une
ruche moins vieille & en bon état.
Chaque ruche fe trouvant donc tranf-
vafée dans un même jour, & toujours
vers la fin de la journée, on va remettre
fur le rucher toutes celles où font les
Abeilles, chacune à fa place, & on
les y laiffe tranquilles jufqu'au foir.
Suppofons donc qu'on n'en ait tranfvafé
que deux; le foir venu, c'eft-à-dire,
la nuit clofe, on prend les deux ruches,
on les porte dans quelque endroit du
jardin, on les pofe l'une auprès de
l'autre, on étend enfuite une ferviette
ou des planches à terre, fur lefquelles on
a mis deux bâtons; on frappe l'une ou
l'autre de ces deux ruches fur les planches, pour y faire tomber les Abeilles,
& on met auffi-tôt l'autre ruche fur
les Abeilles qui font tombées, en la
pofant fur les deux bâtons, de crainte
d'en écrafer; toutes celles qui font fur
la ferviette remontent fans façon dans
la ruche fupérieure où font les autres,
qui, n'ayant rien à perdre, puifqu'elles
font toutes nues, reçoivent les premieres à compofition, pour faire enfuite
bourfe commune : feulement l'une des

deux reines eſt la victime de ce bon accord.

Le lendemain de grand matin, c'eſt-à-dire, dès la pointe du jour, on porte près de celle-là celle des deux ruches tranſvaſées qui paroît la plus peſante & dans le meilleur état ; on renferme pour lors, la bouche en haut, celle où ſont les Abeilles, & on poſe deſſus celle qui eſt bien fournie de proviſion ; elles ne ſont alors aucune difficulté d'y remonter ; ce qui demande quelquefois deux ou trois heures ; & quand elles y ſont toutes, on la porte à ſa place ſur le rucher. Il faut obſerver de la mettre dans l'endroit de celle où il y a le plus de monde.

Au lieu d'attendre au lendemain matin, ce qui ſuppoſe qu'on ſoit matinal, on peut faire cette derniere opération dès le ſoir même, c'eſt-à-dire, deux ou trois heures après avoir fait tomber les Abeilles ſur la ſerviette ; & le matin, avant que les Abeille aillent aux champs, on les porte ſur les ruches. Cette derniere méthode vaut ſans contredit mieux que la premiere, parce qu'elles ont le temps de ſe tranquilliſer pendant la nuit.

Il y a encore une autre façon de les

réunir, elle est même toute simple : au
lieu de frapper rudement la ruche pour
en faire tomber les Abeilles, on peut
les renverser la bouche en haut, & la
tenir ainsi avec des piquets enfoncés en
terre, ou autrement, pour poser ensuite
dessus l'autre ruche, dans laquelle les
Abeilles de la premiere remonteront
toutes au moyen de l'attention qu'on
a de ne les transvaser que deux ou trois
heures avant le soleil couchant, pour
ne pas leur donner le temps d'y construire des rayons; ce qui les empêcheroit
de remonter aussi facilement, parce
qu'elles ont beaucoup d'attache à leurs
provisions & à la ruche où elles ont
commencé à en déposer. Cette derniere
méthode, quoiqu'excellente, n'est pas
cependant praticable en tout temps;
elle exige même nécessairement quel-
quelque attention. 1°. On n'en peut faire
usage que vers la fin d'Août ou au
commencement de Septembre, c'est-à-
dire, jusqu'au 8 ou 10 de ce mois,
parce que si cela se pratiquoit plutôt,
il se trouveroit encore trop de couvain dans les ruches, en les transvasant :
s'il étoit possible de les transvaser sans
causer aucun dérangement dans la ruche, on pourroit faire usage de cette

méthode jufqu'au 4 ou 6 Octobre, temps où les Abeilles ne fortent plus que rarement; mais elles quittent pour lors leur ruche plus difficilement, & il n'eft pas fi facile de les tranfvafer. 2°. En les renverfant, on doit y aller doucement, pour ne rien déranger dans la ruche, que le moins qu'il eft poffible ; pour cela on y met un peu plus de temps.

Cette méthode eft très-avantageufe. 1°. On ne tranfvafe les ruches que quand il n'y a plus ou prefque plus de couvain ; ce qui épargne la peine de la remettre. 2°. La ruche eft du choix de la moitié des Abeilles, puifque c'eft-là leur mere ; elles y trouvent des provifions en abondance, & l'ouvrage eft tout fait. 3°. On n'a pas à craindre que les mouches qu'on a ainfi tranfva-fées aillent porter le ravage & la dé-folation chez leurs voifins, puifqu'elles trouvent chez elles de quoi faire bonne chere. 4°. Quand on n'auroit pu, en les tranfvafant, faire fortir de la ruche, où on fe propofe de les remettre toutes enfemble, que la moitié des Abeilles qui s'y trouvent, le mal ne feroit pas plus grand, puifqu'il faudroit toujours les y remettre : cependant, comme il pourroit arriver, quoique ce cas soit bien rare, que le peu d'Abeilles qui seroient restées dans une ruche transvasée, n'ayant plus de reine à leur tête, abandonneroient leur ruche une heure ou deux après l'opération, il faut avoir soin, peu de momens après la transvasion faite, de les tenir renfermées dans la ruche, en l'enveloppant d'un linge ou d'un mouchoir, en sorte qu'elles n'en puissent sortir.

Une troisieme méthode pour transvaser les ruches, est de les enfermer par-dessous, pour les obliger à sortir par un trou de quelques pouces qu'on a eu soin de pratiquer dans le haut de la ruche : on place sur cette ouverture une ruche vuide, & préparée comme pour y recevoir un essaim ; la fumée de dessous les oblige de se réfugier dans la ruche supérieure.

M. Ducarne traite ensuite du pillage : voici les moyens qu'il indique pour le prévenir. 1°. Vous éloignerez la ruche menacée du pillage, des autres ruches, vous la porterez dans un coin de quelque jardin, à cinq ou six cents pas, ou même à un quart de lieue du rucher ; vous la couvrirez avec des branchages, de mauvaises planches, ou des fagots, pour dérober cette ruche à la vue de celles des autres, ou de vos voisins, qui, en allant aux champs, pourroient l'appercevoir. 2°. Vous ne leur laisserez de libre & à decouvert que leur entrée, que vous rétrécirez même au point de n'y laisser passage que pour une Abeille à la fois ; vous le laisserez ainsi, jusqu'à ce que vous vous apperceviez que cette ruche soit tranquille.

3°. Comme la plupart de celles qui sont tourmentées du pillage, sont foibles & manquent de provisions, vous aurez soin de leur en fournir, ou au soir, ou tout au plus une heure avant le soleil couchant, pour empêcher les étrangeres de sentir, en rodant aux environs, le miel que vous leur aurez donné ; ce qui les exposeroit à un nouveau pillage : enfin, quand quelques jours après, mais jamais avant le temps des fleurs, cette ruche vous paroîtra remise & en état de défense, vous pourrez la reporter sur le rucher avec les autres, ou la laisser où elle est, à votre volonté.

Quand le pillage de la ruche se fait, il n'y a point d'autre remede que de boucher à l'instant cette ruche : on risque d'y enfermer les étrangeres qui y sont déjà peut-être en grand nombre, & de

la porter le foir de ce même jour à
un quart de lieue du rucher : cette précaution n'eft pas même alors fuffifante ;
le mieux eft de la placer dans un grenier, vis-à-vis d'une fenêtre, en choi-
fiffant par préférence celle qui fera la
plus tournée au midi. On fournit pour
lors de la nourriture aux mouches,
& on ne leur laiffera la liberté de fortir
de leur ruche, que quand elles y feront-
bien tranquillifées, c'eft-à-dire, qu'on
ne débouchera l'entrée de la ruche, que
deux, trois ou quatre jours après, fi
on eft obligé d'attendre jufques-là ; on
ne le fera même que quand le temps
fera doux & beau. Elles fortiront de
leur ruche & pafferont par la fenêtre
du grenier, où elles reviendront comme
au rucher ; mais on ne leur laiffera toujours qu'une petite entrée, de peur que
quelque étrangere ne vienne encore les
y trouver.

Pour ne point perdre les Abeilles de
la ruche qui fe trouveroient dehors,
quand on l'a bouchée, on laiffe cette
ruche à fa place, jufqu'à ce que les
étrangeres fe foient toutes diffipées :
on débouchera pour lors l'entrée, & on
y laiffera revenir toutes celles de la
ruche, qui n'auront pas, pendant tout

ce temps, cessé de tourner autour de leur ruche.

Il est encore à observer, que quand on ôte cette ruche de sa place sur le rucher, pour la porter ailleurs, il faut toujours remettre à la même place une ruche vuide ou pleine de cire, si on en a, pour amuser les pillardes, qui reviendront le lendemain, & les empêcher de se jeter sur quelque autre ruche qui ne seroit pas en état de leur résister ; si on n'a point de ruche où il soit resté des gâteaux de cire, il faudra y en mettre quelques - uns, qu'on passera sous la ruche. Cette cire les amuse, & n'y trouvant rien, après avoir cherché & tourné beaucoup, elles s'en vont toutes l'une après l'autre, & n'y reviennent plus.

Une attention utile pour prévenir le pillage, est de procurer aussi de l'ombre à l'entrée des ruches foibles ; de sorte que l'entrée de ces ruches soit continuellement à l'ombre : mais quand le pillage d'une ruche est bien avancé, il faut la regarder à peu près comme perdue; car malgré tous les soins qu'on puisse se donner, on n'en peut point sauver : ce qu'il y a de bon, c'est que le pillage n'est à craindre que pour les ruches foibles; une ruche forte & bien peuplée ne les craint gueres.

M. Ducarne de Blangy parle enfuite des ennemis des Abeilles. Les fouris, les rats, les mulots leur font fouvent la guerre. On n'a rien à craindre de ces animaux, quand on a des ruches conf-truites felon la méthode de M. de Blangy; mais quand on n'en a point, voici la façon de s'y prendre pour les détruire: on a un grand pot de terre creux & large; après l'avoir enfoncé à fleur de terre, on ajoute fur fon embou-chure une petite branche de bois très-mince, au milieu de laquelle on at-tache avec un clou un morceau de lard grillé; ces animaux voulant l'aller pren-dre, feront pris eux-mêmes; un peu d'eau qu'on mettra dans le pot les y noyera en peu de temps.

L'avantage de cette méthode conf-fifte en ce que, fans avoir befoin d'y regarder tous les jours, il peut s'en prendre une douzaine qui tomberont dans le pot l'un après l'autre, d'autant que cette bafcule baiffe & fe remet en-fuite dans fa fituation naturelle, quand un de ces animaux y eft tombé. M. de Blangy dit en avoir trouvé jufqu'à quinze dans un pot; & il ne doute

nullement que si on multiplioit les four-
ricieres dans les campagnes couvertes
de grain, on ne parvînt à détruire la
plus grande partie des souris qui les
rongent. Les autres ennemis des Abeilles
sont les renards, les crapauds, les araignées, les moineaux, les hirondelles, les
piverds ou martins-pêcheurs, les poules,
les lesards, les guêpes, les fourmis,
& les fausses teignes. Nous en avons
parlé ci-dessus ; la fausse teigne est une
espece de petite chenille qui provient
des œufs des papillons de nuit ; ceux-
ci ne craignent pas d'aller, au travers
de mille dangers, déposer leurs œufs
dans le fond de la ruche la mieux peuplée ; ces œufs se changent bientôt en
chenilles : dans ce nouvel état, la chenille se pratique une demeure & une
galerie dans les gâteaux, & elle vit aux
dépens d'une longue suite de cellules
de cire, qu'elle perce successivement
pour se nourrir. Elle se change par la
suite en chrysalide, & elle s'enveloppe
dans une coque qui lui sert de défense ;
& enfin la chrysalide se métamorphose
en papillon qui laisse de nouveaux œufs
dans la ruche. Cette vermine se multiplie tellement au bout d'une année,
que les Abeilles n'y peuvent plus tenir.

& font forcées d'abandonner leurs ruches pour toujours : auffi regarde-t-on le mal comme irréparable, fur-tout dans les vieilles ruches. Cependant, comme les fauffes teignes fe logent prefque toujours dans le haut des ruches, il eft facile de les exterminer dans les ruches conftruites fuivant la méthode de M. de Blangy ; il n'y a fimplement qu'à détacher la hauffe fupérieure, dans laquelle elles fe placent ordinairement ; d'ailleurs les ruches conftruites de cette façon y font très-peu fujettes, parce qu'on peut facilement les renouveler.

Les maladies des Abeilles font encore un objet que M. Ducarne examine dans fon traité. La premiere de ces maladies eft ce qu'on appele communément diffenterie, ou dévoiement : cette maladie ne leur provient pas du défaut de cire brute, ainfi que quelques Auteurs l'ont penfé ; mais elle leur vient, felon notre Auteur, d'avoir été trop long-temps renfermées dans leur ruche : auffi M. Ducarne de Blangy n'a-t-il jamais vu fes Abeilles, ni celles de fes voifins, attaquées de cette dangereufe maladie, qu'à la fortie de l'hiver & au commencement du printemps ; & ce qui le confirme dans fon fentiment, c'eft qu'après l'hiver, dans les deux ou trois premiers jours de la sortie des ruches, on les voit se vuider toutes & se débarrasser d'une espece de bouillie d'un rouge jaunâtre, dont elles ont toutes le ventre gros & rempli ; on observe même que pour peu qu'elles aient été renfermées, ne fût-ce que pendant quinze jours, une bonne partie des mouches se vuide de même : il n'y a de différence que du petit au grand ; elles en jettent moins pour lors. M. de Blangy conclut que les mouches qui sont attaquées sont celles qui sont mal constituées, & dont la disposition ne s'est point trouvée assez bonne pour résister au long séjour de ces matieres dans leurs corps : cette matiere s'y corrompt à la longue, & les mal constituées n'y peuvent résister ; elles sont pour lors attaquées de la dissenterie ; ce qui paroît d'autant plus vraisemblable, ajoute M. Ducarne de Blangy, c'est que dans les ruches malades cette matiere a changé de couleur, & qu'au lieu de rouge jaunâtre, elle est devenue presque noire & d'une odeur insupportable ; ce qui est un mauvais signe ; il n'y a pour lors presque point de remede, que de les changer de paniers ; mais cela ne réussit pas toujours : cette maladie est en outre contagieuse.

permis & ne vous permettent pas de la
tranfvafer, dans les cas ci deffus dé-
taillés, foit enfin pour quelque caufe
que ce foit, vous donnerez à cette ruche, dans l'un ou l'autre des jours qui
s'écouleront depuis le 12 ou 15 Août,
jufqu'au 12 ou 15 Septembre, & même
jufqu'au premier Octobre, la quantité
de nourriture dont vous prévoyez qu'elle
pourra avoir befoin pour aller jufqu'à
la bonne faifon, c'eft-à-dire, pour le
plus fûr, jufqu'au mois de Mai de l'année
fuivante. Et en effet, M. Ducarne de
Blangy dit s'être trouvé dans le cas
d'être obligé de leur en fournir encore
au 15 de ce mois; mais il ajoute qu'il
vaut mieux être obligé de leur en rendre
un peu au mois de Mai, que de leur
en donner trop. Vous vous réglerez,
continue-t-il, pour la quantité de cette
nourriture, fur le pied de deux livres
par mois pour les ruches fortes & bien
peuplées : vous en donnerez moins, à
proportion de ce qu'elles le feront moins.

Pour leur donner cette nourriture de
façon à ne courir aucun rifque pour
la ruche, il faut la leur donner tout à
la fois, ou tout au moins en deux fois,
fuppofé qu'on ne pût le faire dans une
feule ; fans cette attention, on rifque

de l

de perdre le miel & la ruche : quand vous
êtes obligé de leur en donner jusqu'à sept
ou huit livres à la fois, à en décider
par le poids de la ruche, il faut vous
servir d'un grand vase de terre ou de
bois, le plus plat qu'il soit possible d'a-
voir ; pour bien faire, il faudroit même
qu'il fût plus large du fond que du haut ;
ou tout au moins aussi large. Si vous
êtes obligé d'en faire faire un exprès,
vous lui ferez donner deux pouces &
demi, ou tout au plus trois pouces de
hauteur, sur 14 ou 15 de largeur, ou
tout au moins douze : en général il faut
que les vases soient assez grands pour
contenir toute la quantité de liqueur
qu'on se propose d'y mettre : on préfé-
rera les vases de bois à ceux de terre
vernissée ; mais comme les vases sont
souvent plus larges que la ruche de bois
construite selon la méthode de M. Ducarne de Blangy ; on se servira encore,
pour les faire, d'une grande hausse de
quinze ou seize pouces de largeur, sur
quatre pouces de hauteur, qu'on fera
faire exprès ; & si on a trois ou quatre
ruches à nourrir à la fois, au lieu d'une
hausse, on en fera faire trois ou quatre.
Chaque hausse aura un couvercle plat
& sans traverse ; au milieu de ce cou-

G

vercle on laiffera une ouverture de fept
à huit pouces ou environ , & fur le couvercle on placera la ruche, après avoir
mis fous la hauffe la liqueur deftinée
pour la nourriture. Si on n'a que quatre
ou cinq livres de miel à donner, au
lieu de grande hauffe & de grand plat,
on pourra fe fervir tout fimplement
d'une hauffe & d'un plat de terre ordinaire ; mais il faudra pour lors ôter
à cette hauffe fes deux traverfes, qui
empêcheroient d'y introduire le plat :
la liqueur que vous aurez donnée tiede,
n'aura pas été fous la ruche un demi-
quart-d'heure, que toutes les Abeilles
defcendront deffus, & commenceront
à l'enlever pour aller la placer dans leurs
petites cellules ; ce qu'elles continueront
tant & fi longtemps qu'il en reftera une
feule goutte ; une ruche bien peuplée
met ordinairement vingt-quatre heures
pour lever une livre de liqueur. Comme
le mouvement que les Abeilles fe donnent dans la ruche y occafionne fouvent
une chaleur extraordinaire, & qu'il s'y
forme une grande humidité occafionnée
par les vapeurs qui s'y élevent, on y
obvie en plaçant quatre petits coins de
bois aux quatre coins de la ruche, entre
elle & la grande hauffe ; en forte néan-

moins qu'il n'y ait pas affez de jour pour laiffer paffer aucune Abeille. Si vous donnez ce miel pendant le jour, il faut que ce foit dès le matin, avant qu'aucune Abeille foit encore fortie de la ruche : vous en fermerez auffi - tôt l'entrée & toutes les ouvertures qui pourroient s'y trouver : fur le foir, vers le foleil couchant, vous pourrez ouvrir la ruche, pour laiffer prendre l'air aux Abeilles pendant la nuit ; fi pour lors elles n'ont pas encore enlevé tout le miel, elles le feront pendant la nuit ; enfin, fi le lendemain au matin elles n'avoient pas encore fait, vous refermeriez la porte. Si au lieu de donner le miel le matin aux ruches, vous ne le donnez que le foir, vers le foleil couchant, vous ferez difpenfé de cette attention pendant toute la nuit, pourvu que vous n'y manquiez pas le lendemain, avant qu'aucune Abeille ne foit fortie.

Il eft à obferver qu'il ne faut pas donner le miel feul ; mais vous le mélangerez avec un peu de vin vieux qui ne foit point aigre ; vous mettrez même autant de cire qu'il en faudra pour tenir toujours cette compofition liquide, même quand elle fera refroidie, fans

quoi les Abeilles ne pourroient plus
encore la lever. M. Ducarne de Blangy
a coutume de mettré un septieme de
vin ; c'est à dire, sur six livres de miel
une livre de vin ; vous mettez le tout
sur un feu clair, vous l'y remuez bien
avec un bâton, jusqu'à ce que le miel
soit parfaitement fondu , & plus que
tiede ; vous l'ôtez pour lors du feu , &
le donnez tant soit peu tiede à vos
Abeilles. Comme cette opération se fait
en été, on pourroit leur donner cette
liqueur froide, les mouches à miel ne
la suceroient pas moins, si le temps
n'étoit néanmoins pas trop froid.

Une autre observation à faire, c'est
d'en donner sept livres à celles qui n'en
auroient besoin que de six, d'autant
qu'il s'en perd environ un sixieme ou
un septieme, soit que cette partie s'en
aille en vapeurs, ou autrement.

M. Pacquet, Marchand à Noyon,
a une autre méthode pour donner de
la nourriture aux Abeilles qui manquent
de provisions ; c'est à peu près la même
que nous avons rapportée pour donner de la nourriture aux essaims. On
pratique à cet effet, ainsi que nous
l'avons déjà dit, une petite ouverture
au haut de la ruche ; mais au lieu de

ne faire couler qu'une cuillerée de liqueur
à la fois, par la méthode de M. Pacquet,
on peut leur en donner deux ou trois,
& même plus, c'est-à-dire, plein une
bouteille de verre : on enveloppe l'ouverture de cette bouteille d'une grosse
toile, & au moyen d'une ficelle on
fait bander cette toile : cela fait, on
introduit le col de la bouteille à la profondeur d'un pouce ou deux dans un
trou de douze ou quinze lignes, qu'on
a eu soin de pratiquer dans le couvercle
de la ruche, avant d'y avoir mis l'essaim; les Abeilles prennent cette liqueur
au travers de la toile qui en forme l'ouverture. L'avantage qu'il y a d'une pareille méthode, c'est qu'on peut voir
au travers de la bouteille quand elles
n'ont plus de miel, & leur en rendre
du nouveau : mais comme dans cette
méthode il ne faut pas que la liqueur
soit trop épaisse, on mettra avec le
miel un peu plus de vin, & on fera
bouillir un peu la liqueur, en y ajoutant
tant soit peu de sucre. M. Pacquet à
une composition expresse ; la voici :

Prenez huit livres de miel, six livres
d'eau, une bouteille de vin vieux, &
une livre de sucre ; on peut mettre de la
cassonnade, qui n'est pas si chere ; vous

mettrez le tout dans un vaisseau de
terre vernissée ou de fer, & l'y laisserez
bouillir à petit feu l'espace d'environ un
quart d'heure, en observant d'écumer
de temps à autre : quand cette composition est refroidie, on la verse dans
des bouteilles bien bouchées, qu'on peut
garder dans un lieu froid ; mais le mieux
est de n'en faire qu'à mesure qu'on en
a besoin, parce qu'elle peut fermenter.

Tant & si long temps qu'on donnera
de cette nourriture aux Abeilles, on
ne laissera qu'une très petite entrée à
la ruche, de peur que les étrangeres
ne viennent à s'y insinuer.

Il y a encore une troisième façon de
nourrir les ruches en été, ou en automne ; elle consiste à leur donner du
jus de poires, d'un goût relevé & sucré ;
on la pele comme si on en vouloit faire
du cidre ; quand la liqueur est bien re-
posée, on la verse par inclinaison dans
un autre vaisseau bien net ; pour lors,
on met sur quatre livres de ce suc une
livre de miel, & on fait bouillir le tout
jusqu'à la réduction d'un tiers ; en sorte
que de trois livres il en reste deux : on
dit cette composition bonne ; mais, sans
contredit, les précédentes valent beaucoup mieux. Si néanmoins on veut faire

uſage de cette derniere, il faudroit la leur donner dans un plat ſous la ruche, pour que les Abeilles puſſent l'enlever tout de ſuite ; car ſi on mettoit cette compoſition dans des bouteilles, ſelon la ſeconde méthode, elle fermenteroit & s'y aigriroit. La meilleure façon de la leur donner ſeroit même de le faire en plein jardin, ſur des aſſiettes & dans différens plats ; cependant on peut encore dire que cette façon ne vaut abſolument rien ; elle peut donner lieu au pillage : d'ailleurs les Abeilles des voiſins pourroient fort bien en prendre leur part.

Il eſt inutile d'avertir ici que quand on a ôté de deſſous les ruches les bouteilles qu'on y avoit miſes pleines de miel, il faut reboucher l'ouverture avec un bouchon de liége ou de bois.

On aura l'attention, quand on donne de la liqueur aux Abeilles, de répandre toujours ſur cette liqueur une quantité de petits morceaux de cire en couteaux, aſſez conſidérable pour en couvrir toute la ſurface, pour que les Abeilles ne s'enfoncent point, ni ne ſe noyent point, ou tout au moins pour qu'elles ne s'engluent point de miel : une autre obſervation à faire ici, c'eſt quand on a

G iv

oublié de faire faire aux couvercles de
ſes ruches des ouvertures pour y faire
entrer le col d'une bouteille ; on y
peut toujours remédier pour les ruches
où il y aura des Abeilles que l'on voudra
nourrir, en y faiſant cette ouverture,
ſoit avec un gros villebrequin, ſoit avec
la pointe d'un couteau, en obſervant
néanmoins de ne point laiſſer ſortir de la
ruche, les Abeilles qui pourroient très-
bien inquiéter pendant cette opération.
M. Ducarne de Blangy expoſe enſuite
ſa méthode qui lui a le mieux réuſſi,
pour nourrir les Abeilles à la ſortie de
l'hiver. Dès le 15 Février, & jamais
plutôt, ſi le temps eſt doux, on viſi-
tera, parmi ſes ruches, celles qu'on
ſaura pouvoir manquer de miel; on leur
en donnera pour lors par le bas de la
ruche, de la même maniere que nous
l'avons indiqué ci-deſſus pour les eſſaims : ſi on n'a point de vin pour mêler
avec le miel, on pourra abſolument
s'en paſſer, l'eau ſuffira ; on en mettra
pour lors environ un huitieme, quoique
néanmoins, dans cette ſaiſon, le vin
vaille mieux : après avoir fait fondre
le tout, on le leur fera couler avec
un petit entonnóir : à défaut d'enton-
noir, on pourra ſe ſervir d'une pipe ;

on en introduira le petit bout par la ruche, & on remplira le baſſin de miel, ou de la compoſition ci-deſſus indiquée; le miel coulant au travers, ira tomber goutte à goutte ſur le gros des Abeilles, qui auront ſoin de ne le point laiſſer perdre. Voilà pour les ruches qui ſont totalement dépourvues de miel au 15 ou au 20 Février; car ſi elles en avoient encore un peu, il faudroit pour bien faire, attendre, pour leur en donner, qu'elles ſoient ſorties de leur ruche au moins une fois; la raiſon eſt, que n'ayant pas encore ſorti, elles ont toutes le ventre gros & plein de ces ſubſtances qui ont ſéjourné tout l'hiver dans leurs corps, & qu'elles jetteroient par-tout dans la ruche, ſi on leur donnoit du miel avant leur premiere ſortie. Quand on peut ainſi attendre pour les nourrir, on les nourrira en grand, c'eſt-à-dire, on leur donnera dans un grand plat tout ce qu'on prévoira leur être néceſ-ſaire pour aller juſqu'au mois de Mai. C'eſt la premiere méthode que nous avons indiquée; elle eſt la ſeule qu'on doit ſuivre dans cette ſaiſon. Pendant tout le temps qu'on les nourrira, on aura grand ſoin de fermer exactement l'entrée de la ruche, & de n'y laiſſer

G v

aucune sortie, de peur de pillage; car le pillage est bien plus à craindre au commencement du printemps, que dans toute autre saison.

M. Ducarne de Blangy expose ensuite les raisons qui rendent sa méthode de nourrir les Abeilles préférable à toutes celles qui ont été en usage jusqu'à présent. En leur donnant en une seule fois la nourriture qui leur est nécessaire pour aller jusqu'au bon temps, & en choisissant pour cela un temps doux & favorable, on est sûr, 1°. que les Abeilles n'en laisseront point, & qu'elles la suceront toute, à moins que, cinq ou six heures après la leur avoir donnée, l'air ne devînt tout à coup si froid, qu'elles se trouvassent comme engourdies dans leur ruche. 2°. On se trouve dans un instant débarrassé du soin de les nourrir davantage, au lieu que dans les autres méthodes il faut recommencer tous les cinq ou six jours. 3°. On ne craint point que, quatre ou cinq jours après, quand il faudroit renouveler leur nourriture, l'air ne fût devenu si froid, qu'il ne fût plus possible de le faire. 4°. Cette composition étant toujours liquide, quand même les Abeilles ne pourroient la prendre tout entiere dans le jour même, elles pourront toujours le faire, dès que le temps fera radouci. 5°. On ne refroidit les Abeilles qu'une feule fois, au lieu de huit ou dix, & quelquefois plus, quand on fuit les anciennes méthodes. 6°. Quand il arriveroit que le temps feroit affez doux pour leur permettre de lever tout, toutes les fois qu'on leur fourniroit de la nourriture, tous ces différens mouvemens fi fouvent répétés les refroidiffent néceffairement, & en font périr un certain nombre, fur-tout fi on n'a pas foin de les renfermer exactement chaque fois. 7°. Ces mêmes mouvemens fi multipliés donnent beaucoup d'appétit aux Abeilles; elles dépenfent alors beaucoup plus de miel. 8°. Si toutes les fois que vous leur donnez du miel fur une affiette, qui eft la méthode la plus ufitée, vous n'avez pas grand foin de boucher exactement la ruche, ce que ne font pas néanmoins la plupart de ceux qui leur en donnent, vous les expofez à un pillage prefque inévitable; & c'eft encore là un des grands mérites de la méthode de M. Ducarne; fi au contraire, pour éviter le pillage, vous bouchez la ruche chaque fois, vous les empêchez alors de profiter des beaux jours, qui fe rencontre-

G vj

ront précisément lors de votre opération ; ce qui n'arrive point dans la
méthode de M. Ducarne de Blangy ; on
ne peut y arriver qu'une fois.

Une observation bien intéressante à
faire touchant la maniere de nourrir les
Abeilles, c'est qu'autant qu'il est possible il ne faut pas attendre à leur
fournir de la nourriture , qu'elles en
manquent totalement ; on doit même
toujours le faire quinze jours ou trois
semaines avant le moment où on prévoit qu'elle pourroit leur manquer ,
parce qu'alors elles pourroient se trouver
si affoiblies, qu'elles n'auroient plus la
force de descendre au bas de la ruche
pour aller chercher cette nourriture.

M. Ducarne de Blangy détaille ensuite sa méthode pour mettre les ruches
en hiver ; elle est précisément tout le
contraire de ce que font les autres : au
lieu de les sceller exactement, comme
il est d'usage, M. Ducarne les expose
tout à fait au grand froid ; il leve les
ruches de quatre ou cinq lignes tout
autour au-dessus de la planche sur laquelle elles sont posées , c'est-à-dire ,
au dessus du siége ; trois ou quatre petites cales qu'on met dessous font toute
l'affaire ; mais cette méthode n'est bonne

que quand les ruches font enfermées dans un rucher bien clos , & où le grand vent ne puiffe point pénétrer facilement, fur-tout dans le temps des grandes bifes & des fortes gelées. M. Ducarne n'indique donc fa méthode que quand la ruche ferme bien de tout côté, & qu'il s'y trouve peu de jour. On ôte, felon cette méthode, les ruches de la place qu'elles occupoient pendant l'été, pour les mettre tout près de la cloifon du derriere du rucher ; on les pofe fur des planches qu'on y aura préparées, & on les éleve à un pied de terre : on peut, au moyen de quelque attention, en mettre deux rangs de hauteur. M. Ducarne fuppofe ici que la muraille ou cloifon qui forme le derriere du rucher, ne laiffe paffer aucun jour ; alors, quand même l'air pafferoit par plufieurs endroits de la partie antérieure du rucher ; comme celui-ci fe trouve fort large , les ruches s'en trouveroient peu incommodées ; mais s'il étoit étroit, & fi l'air donnoit directement fur les ruches , il en périroit un grand nombre, mais néanmoins jamais la ruche entiere, comme il n'arrive que trop fouvent dans les anciennes méthodes : en un mot, plus le rucher fera large & bien clos,

moins il en périra; c'est une régle générale.

Si le rucher est étroit, ou s'il ne
ferme pas bien, on ne changera point
les ruches de la place où elles se trouvoient pendant l'été; mais au lieu de les
élever de quelques lignes tout autour,
comme dans la premiere méthode, on
donnera une hausse de trois pouces de
hauteur à chaque ruche par-dessous.
Cette hausse sera percée à un de ses
côtés d'une ouverture, d'une porte, ou
d'une lumiere, pour me servir du terme
de M. de Blangy, de deux pouces & quelques lignes de hauteur, sur trois bons
pouces de largeur. On tournera cette
partie du côté de l'entrée de la ruche,
c'est-à-dire, du côté du grand air.
Comme elle est grande, & que par conséquent les souris pourroient pénétrer
facilement dans la ruche, on aura soin
de la griller avec du fil d'archal de
moyenne grosseur, en sorte que non
seulement les souris, mulots, &c. ne
puissent y entrer, mais même que les
Abeilles n'en puissent sortir : on mettra
les fils d'archal à telle distance l'un de
l'autre, qu'une Abeille ait peine à passer
au travers ; mais d'ailleurs on les éloi-
gnera l'un de l'autre le plus qu'il sera

possible ; une ligne & demie eſt la bonne
meſure : ſi on n'avoit pas ces deux ennemis à craindre, on pourroit même
laiſſer la porte entiérement ouverte. Ce
n'eſt jamais le froid, ajoute M. Ducarne
de Blangy, comme cauſe immédiate,
qui détruit les ruches fortes, à moins
qu'il ne ſoit extrêmement violent ; c'eſt
uniquement un air trop peu renouvelé
& trop long-temps renfermé, & ſur-tout
l'humidité qui ne peut s'échapper, & qui
cauſe enfin dans la ruche une eſpece
d'infection qui tue les Abeilles à la
longue.

On pourroit encore procurer aux ruches des iſſues par le haut, pourvu qu'on
ne faſſe point les ouvertures trop grandes, & qu'après les avoir faites, on les
bouche exactement avec du papier gris,
qu'on collera deſſus, ou avec des bou-
chons fort minces, faits d'un liége très-
poreux ; ce qui n'empêcheroit point
néanmoins d'obſerver ce qui a été preſcrit : on pourra ſeulement, quand les
ruches ſont foibles ou peu peuplées, ne
pas leur donner des hauſſes par-deſſous,
parce qu'étant moins de monde, les vapeurs y ſont moins conſidérables, &
s'échapperont toujours aſſez par le haut ;
on fermera même l'entrée de ces ruches

exactement; car tout ce que nous venons de rapporter ne regarde que les
ruches fortes.

Enfin, pour faire voir qu'on ne fau-
roit trop procurer d'air aux Abeilles
dans la ruche, M. de Blangy rapporte
qu'il a fufpendu dans fon rucher plufieurs ruches dont la bafe fe trouvoit
feulement fermée par des fils d'archal;
& les Abeilles s'y font très-bien portées,
quoique l'hyver eût été très-rude, &
qu'on n'eût pas choifi pour cette expérience les ruches les plus peuplées.

Nous n'avons parlé jufqu'ici que du
bas de la ruche, de la partie inférieure;
mais le corps de la ruche & le deffus
demandent auffi des attentions; on couvrira le deffus, & on couvrira en même
temps le refte de la ruche de foin de
bon pré, & pour le mieux, de menu
foin, qu'on appelle regain; on empêchera par là le grand froid de faire trop
d'impreffion fur les ruches; car quoiqu'il faille procurer de l'air aux Abeilles,
par le deffus de la ruche, il ne faut
pas moins les tenir chaudement. Si on
a donné des iffues aux couvercles pour
donner paffage aux vapeurs, ainfi que
nous venons de l'obferver, après les
avoir condamnées avec du papier gris,

on mettra par-dessus une épaisseur de deux où trois pouces de fin ou de menu foin, qu'on n'entassera que légerement, pour donner plus de facilité à la sortie des vapeurs.

Au lieu de foin qui ne se trouve pas par-tout, on peut se servir de paille de seigle, &, à son défaut, de celle de froment, dont on couvrira toute la ruche, jusqu'à la hausse inférieure, en observant toujours pour celles qui sont fortes, de laisser la grande entrée libre; c'est à quoi on fera attention, ainsi que pour celles qui auront été élevées de quelques lignes; ce qui forme tout autour une ouverture qu'il faut aussi laisser libre : on peut néanmoins se dispenser de toute couverture pour ces dernieres. M. Ducarne dit n'en avoir jamais couvert aucune de celles-ci, & jamais il ne lui en est morte une seule; sans doute, dit-il, que le grand air qui pénetre dans ces ruches de tous côtés, & leur emplacement dans le derriere du rucher leur suffit & pare à tous les inconvéniens; au lieu de quatre ou cinq lignes, on pourroit même les lever d'un pouce, sans les souris; mais il faudroit pour lors obvier à cet inconvénient, en les grillant tout autour.

Quand on n'a ni foin, ni paille, ni regain pour les couvrir, on peut encore y suppléer, en se servant de terre bien seche & écrasée menue, ou de feuilles seches, ou enfin de menue paille de grains, de quelque espece qu'ils soient.

Vers la fin de Février, c'est-à-dire, quand les grands froids seront passés, on baissera les ruches élevées par degrés & peu à peu, d'une ligne par jour, jusqu'à ce qu'elles le soient presque tout à fait, c'est-à-dire, qu'une Abeille n'y puisse plus passer; car il faut toujours un peu d'air aux ruches fortes. Tout ce que nous venons de dire doit s'entendre des ruches qu'on a placées sur le derriere du rucher, & qu'on remettra à leur place dès que le temps sera assez doux pour permettre aux Abeilles de sortir; car pour celles qu'on n'aura point changées de place pour l'hiver, on n'y touchera point avant qu'elles n'aient sorti plusieurs fois & même plusieurs semaines, sinon pour les nettoyer. La coutume de M. Ducarne de Blangy est de n'ôter à celles-ci la hausse percée d'une grande porte, qu'il leur a donnée, que quand les froids ne sont plus à craindre, c'est-à-dire, vers le 15 Mars & même plus tard encore: dès les premiers beaux jours de Février, il les visite toutes, il les nettoye; & après avoir remis ces dernieres comme elles étoient, il les y laisse jusqu'au temps doux; il a seulement soin d'ôter un des fils d'archal qui ferme la porte, pour leur livrer passage, en observant néanmoins de ne point le laisser trop grand dans les commencemens, de peur du pillage.

Quant aux ruches qui se trouvent au milieu du jardin, on leur donne au commencement de l'hiver une hausse percée d'une porte grillée, & on les met à l'ombre autant qu'on le peut, pour que le soleil ne darde pas ses rayons dessus; car cela échaufferoit les ruches, mettroit les Abeilles en rumeur, & les engageroit à chercher à sortir de la ruche, ou de s'y vuider. D'ailleurs le mouvement leur donne de l'appétit, & elles consomment davantage.

M. Ducarne de Blangy termine son traité, en rapportant toutes les précautions qui sont nécessaires lorsqu'on lasse les ruches. Le jour venu où l'on croit pouvoir les laisser sortir sans danger, on débouchera les ruches, & on ôtera avec une petite baguette les mouches mortes & tout ce qui pourroit en condamner l'entrée, pour que rien ne s'oppose à

leur fortie. Si les ruches font reftées
en place, on fe contentera d'ôter le fil-
d'àrchal qui eft en bas du petit grillage qui condamne la porte ; elles fortiront pour lors d'elles-mêmes, & iront
prendre l'air ; on les laiffera faire, fans
y toucher, jufqu'au foleil couchant, ou
à peu près ; on lavera pour lors lès
ruches, afin de les nettoyer : après les
avoir ôtées de leurs places, on racle
avec un couteau le deffus, après quoi
on frotte bien la place avec une poignée
de foin qui n'ait point de mauvais goût,
ou, à fon défaut, avec de la paille ;
après quoi on remet les ruches à leur
place, & on les y laiffe fans y toucher,
jufqu'à ce que les Abeilles aient encore
forti deux ou trois fois les jours fuivans ;
on les nettoye pour lors toutes, l'une
après l'autre, une feconde fois ; & on
vifite l'intérieur de chacune, pour en
ôter les mouches mortes & tout ce
qui pourroit s'y trouver de moifi : quand
le bout des rayons paroîtra l'être, on
les coupera avec un couteau bien affilé,
& avec le plus de légereté qu'il fera
poffible, pour ne pas mettre les Abeilles
trop en rumeur ; on effuïera bien avec
un linge blanc, ou avec de bon foin, les
endroits du bas de la ruche qui pa-

roissent mouillés ou moisis; on les remettra ensuite en place, & tout sera fini :
mais on n'oubliera point de remettre les
planches, les pierres, & le foin, ou toute
autre couverture, telles qu'elles étoient
avant l'opération; car il survient quelquefois, même au 20 de Mars, des gelées
assez fortes pour leur faire tort, si on
néglige cette attention : quant aux ruches qu'on aura mises au fond du rucher,
on les ôtera de leur place, pour les
remettre chacune, s'il est possible, dans
celles qu'elles occupoient avant qu'on
les mît en hiver : on laissera leur entrée
libre; & le soir venu, on les levera de
deux ou trois lignes au-dessus de la
planche, au moyen de quatre petites
cales; & on les laissera dans cette situation jusqu'à ce que le temps soit
bien radouci; mais on ne remettra ces
sortes de ruches à leur place que le plus
tard qu'il sera possible. M. Ducarne dit
en avoir eu qu'il n'a déplacées que le 25
Avril : ce sont celles qui ont été les
meilleures.

Le troisieme Ouvrage à analyser est
celui de M. de Boisjugan. En suivant la
méthode de M. Palteau, M. de Boisjugan s'est occupé avec succès de l'économie dans la construction des ruches,

qu'il propofe dans fes ouvrages; elles font compofées de trois hauffes faites en paille, qui eft une matiere qui n'occafionne que très-peu de dépenfe, & que les habitans de la campagne ont à leur difpofition : chaque hauffe eft faite avec de la paille non brifée de froment, & fpécialement de feigle ; ces hauffes, d'une figure ronde, ont quatre pouces de hauteur & douze de diametre intérieur ; le deffus, qui eft convexe, eft furmonté d'une anfe peu élevée & très-folide ; il fe trouve une ouverture au milieu de la partie convexe, de quatre pouces de diamêtre, & à côté, une de fix lignes feulement : ces deux ouvertures font toujours fermées avec un bouchon de liége dans la hauffe fupérieure ; dans les autres, la grande ne l'eft point, parce qu'elle fert de paffage aux Abeilles pour communiquer d'une hauffe à l'autre ; la petite ouverture fert à introduire le tuyau d'un foufflet pour fumer les Abeilles, lorfqu'on veut prendre leurs provifions.

Trois de ces hauffes, placées l'une fur l'autre, compofent une ruche très-folide ; elles font coufues l'une à l'autre avec une aiguille ou carrelet de deux ou trois pouces de longueur, & de la

ficelle de moyenne groffeur, qu'on paffe
dans les liens qui attachent la paille.

avant de placer ces fortes de ruches,
on met fur leur table une natte un peu
convexe, de huit à neuf pouces environ de diametre : l'entrée par laquelle
paffent les Abeilles pour gagner l'intérieur de leur domicile, n'eft point pratiquée au bas de la hauffe inférieure,
mais fur la table même. Cette ouverture
eft une entaille qu'on fait fur les bords
du devant de la table, & qu'on pro-
longe jufques dans l'intérieur de la ruche ; elle a neuf à dix lignes de profondeur, fur quatre pouces de largeur :
on a foin de lui donner affez de pente
vers le bas, pour faciliter l'écoulement
des eaux : fa largeur diminue un peu
en approchant de la ruche ; elle eft prolongée jufqu'au bord de la natte voûtée,
& fa profondeur, bien ménagée dès l'entrée de la ruche, devient prefque in-
fenfible.

Le furtout qui couvre ces fortes de
ruches eft de la paille de feigle qu'on
lie fortement à un de fes bouts, & qu'on
écarte enfuite en forme de cône creux,
pour la placer fur la ruche, ayant attention de n'échancrer la paille que fur
la porte de la ruche, qui fe trouveroit

fermée fans cette précaution. Pour prévenir les fractures que les rats & les
fouris peuvent faire facilement & en
très peu de temps à ces fortes de ruches, M. de Boisjugan confeille de les
enduire extérieurement avec de la fuie
détrempée, dans laquelle on peut mettre
du verre pilé.

Ces fortes de ruches font très-aifées
à conftruire ; il ne faut que de la paille
& des ronces fendues en trois ou quatre
pieces pour les lier ; on en forme un
cordon d'un pouce d'épaiffeur, qu'on
attache fortement avec les ronces ; pour
le rendre bien égal, on peut le tenir
dans un ou plufieurs anneaux d'un pouce
de diametre, qu'on fait gliffer à mefure
qu'on avance l'ouvrage : on commence
la hauffe par la partie convexe ; & lorfqu'on eft parvenu à lui donner la largeur qu'elle doit avoir, on continue le
cordon perpendiculairement, jufqu'à ce
qu'on ait fait quatre tours complets,
qui donneront la hauteur de la hauffe ;
il faut avoir attention que le dernier
cordon finiffe infenfiblement, afin que
la hauffe puiffe porter à plein fur la
table ; le prix de ces ruches n'excede pas
24 ou 30 fous.

M. de Boisjugan fubftitue avec fuccès,

au

au lieu de vin dans la compofition indiquée par M. Palteau contre la diffenterie des Abeilles, le cidre doux réduit
en firop, qu'il fait encore cuire avec le
miel & le fucre, attendu la rareté du
vin dans la Province de Normandie,
qu'il habite; il dit auffi dans fon traité
s'être très-bien trouvé de planter autour de fes ruches beaucoup de peupliers baumiers, nommés takamaka, arbre qui fe multiplie facilement de bou-
tures, & qui fournit aux Abeilles, ou
une nourriture, ou un remede dans les
premiers jours du printemps, où elles
n'ont rien à récolter. M. de Boisjugan
fupplée dans fes ruches au cadran inventé par M. Palteau, par des peignes
de bois, ou des plaques de fer-blanc
trouées, qu'il y applique dans les mêmes
circonftances où il convient de leur laiffer la liberté, ou de les empêcher de
fortir; il donne encore le moyen d'a-
mener les ruches ordinaires à fa nouvelle méthode; il place pour cet effet
une hauffe deffous, dès qu'elle a jeté
un effaim; enfuite avec un couteau bien
tranchant on découpe le tiers fupérieur
de la vieille ruche, & on la recouvre
avec des nattes voûtées, & qu'on a foin
de coudre tout autour avec de la ficelle.

H

pour la clorre l'année ſuivante ; on remet encore une nouvelle hauſſe, & on
enleve le reſtant de la vieille ruche
quand le couvain eſt éclos.

M. de Boisjugan a vu à Caen une
eſpece de piége inventé par un amateur
pour accélérer la deſtruction des bourdons ; cette eſpece de piége ou de
trébuchet eſt, pour mieux dire, une
boîte carrée, faite avec des planchettes
fort minces, plus larges à un bout qu'à
l'autre, de la longueur en tout de onze
pouces ou environ ; il eſt compoſé de
deux principales parties, une antérieure
& l'autre poſtérieure ; l'antérieure forme
une eſpece d'avant-corps plus large à
un bout qu'à l'autre, pour pouvóir
s'emboîter dans le poſtérieur de deux
pouces ou à peu près, & elle eſt elle-
même compoſée de deux pieces ; on
aſſujettit cet avant-corps à la partie
poſtérieure par le moyen de deux bouts
de laiton.

L'une & l'autre partie ſont percées
au-deſſus & aux côtés d'ouvertures longitudinales à volonté, qui ont préci-
ſément deux lignes de largeur, pour
que les ſeules Abeilles ouvrieres puiſſent
ſortir & rentrer facilement dans leurs
ruches ; à l'extrémité de la partie poſ-

térieure est un grillage en fil de fer,
à pareille distance de deux lignes l'une
de l'autre, tant pour le passage des
Abeilles, que pour voir lorsque le trébuchet est rempli de bourdons, & le
vuider.

Dans l'intérieur, au bout le plus
étroit de l'avant-corps, sont quatre petites bascules de bois fort minces, rangées deux à deux, à peu de distance
les unes des autres. On pourroit ne
mettre qu'un rang de bascules; mais on
en propose deux, pour que les bourdons
qui auroient pénétré dans le centre de
la machine, & qui seroient parvenus par
leurs efforts redoublés à soulever l'une
des deux premieres, fussent arrêtés par
les deux autres, & obligés de retourner
sur leurs pas; elles sont échancrées en
rond par le bas, de la hauteur de deux
lignes, pour le libre passage des Abeilles
ouvrieres, & sont suspendues dans cet
avant-corps par le moyen d'un fil de
fer qui les traverse avec aisance, & les
rend mobiles.

Un second laiton traverse l'avant-
corps au-dessous & vers le milieu des
bascules, un peu en avant du premier,
pour leur servir de soutien & les tenir
inclinées vers la partie postérieure, de

H ij

façon qu'elles ne posent pas tout à fait sur leurs bases, afin que les bourdons les puissent soulever avec plus de facilité pour s'y rendre sur les neuf ou dix heures du matin. Quelques jours après qu'une ruche a essaimé, lorsqu'on la voit garnie de bourdons qui sortent en foule pour aller à la promenade, on commence par préparer une base pour soutenir le trébuchet à la hauteur de la ruche, ou l'y appliquer, après avoir approché cette ruche sur le bord de la table, pour opérer avec plus de facilité ; aussi-tôt qu'on le voit rempli de ces parasites, on le retire ; on dégage l'avant-corps, en ôtant les deux petits laitons, pour le secouer dans un vase plein d'eau ; & on réitérera l'opération jusqu'à ce qu'on ait détruit la partie la plus considérable ; ce qui est bientôt fait.

Après avoir parlé des **Abeilles**, nous allons rapporter ici ce qui concerne la cire & le miel, qui sont les deux productions de ces insectes. Les ciriers & les manufacturiers en bougie donnent le nom de cire brute à la cire jaune, telle qu'on la tire de la ruche, après l'avoir néanmoins fondue & mise en pain pour la mettre plus facilement dans

le commerce; la plus jaune, celle dont
la couleur eſt la plus vive, l'odeur la
plus agréable, & qui eſt le mieux pu-
rifiée, eſt celle qui eſt la plus eſtimée
en fait de vente. Pour la préparer en
pain, on s'y prend de la façon ſuivante:
on en ſépare d'abord le miel; après
quoi on la mêle avec celle qui peut ſe
trouver dans la ruche ſans contenir de
ce nectar. On met ce mélange dans un
chaudron, avec de l'eau à proportion;
on fait un feu clair deſſous, & on remue la cire avec une écumoire; dès
qu'elle eſt bien fondue & bien liquide,
on la verſe dans un ſac de groſſe toile
fait en capuchon, qu'on a auparavant
trempé dans l'eau chaude, & enſuite
bien tordu; on le pend au plancher, on
met deſſous un baquet à demi plein
d'eau fraîche, dans lequel la cire tombe;
on preſſe le ſac avec de gros bâtons de
bois dur, que l'on gliſſe le long de ce
ſac & vers le bas; on rejette enſuite dans
le chaudron ce qui n'a pu paſſer une
première fois; & dès qu'il eſt bien fondu,
on le remet dans le ſac, & on le fait
paſſer par la chauſſe à force de la tordre.
Ceux qui ont une grande quantité de
ruches ont des petits preſſoirs, avec un
deſſus qu'on appelle forme, qu'ils ont

D iij

foin de bien mouiller par-tout, avant
d'y pofer le fac rempli de cire chaude,
afin que la cire qui fort fe détache facilement, & ils n'ont pas tant de peine :
au refte, il faut d'abord preffer doucement, fi on veut réuffir par cette
feconde méthode, qui accélere de beaucoup l'opération.

La cire preffée, il s'agit maintenant
de la mettre en pain; on la laiffe pour
cet effet fe refroidir & fe figer, on l'a-
maffe enfuite, & on la lave dans de
l'eau propre, d'où on la tire avec une
écumoire, après quoi on la met dans
un chaudron où il y a de l'eau à proportion, avec du feu clair deffous, &
on la fait fondre : dès qu'elle eft bien
liquide, on la verfe dans plufieurs terrines, dont le haut eft beaucoup plus
large que le fond; il faut obferver ici
qu'il faut mettre préalablement dans
ces terrines, avant d'y verfer la cire, un
tiers d'eau bien chaude, & qu'il faut
même mouiller exactement leurs bords;
la cire s'y fige pour lors bien vîte, &
forme un pain de la figure du vafe : ce
pain fe décole en fe refroidiffant. On
ne doit point toucher à ces terrines
pendant tout le jour : le lendemain,
quand on a tiré le pain de cire de la ter-

rine, comme les ordures se précipitent au fond, on ratissera exactement le des-sous du pain, lorsqu'il sera entiérement froid : cette ratissure, conjointement avec le marc de la cire qui reste dans le sac pendant qu'il est chaud, se met en pelottes & en petites boules, que l'on vend à ceux qui font des toiles cirées.

Les Menuisiers & les Ebénistes em-ploient cette cire sans plus grande pré-paration, pour donner du lustre à leurs ouvrages, de même que les frotteurs des planchers d'appartemens ; on ne choisit cependant pas pour ces différens usages la plus belle cire ; cette derniere est destinée pour en faire de la bougie filée & même de la grosse, tant pour la marine que pour certains Chapitres ecclésiastiques ; les cierges de cire jaune sont encore d'usage pour l'Eglise dans certains jours de cérémonies ; on se sert sur-tout de cette cire pour les sceaux de Chancellerie : cette substance est actuellement devenue d'une si grande nécessité pour les Arts & besoins de la vie domestique, qu'il s'en faut de beau-coup que l'Europe en puisse fournir une suffisante quantité pour notre consom-mation. On en tire en France de Bar-

H iv

barie, de Smyrne, de Conſtantinople, &
ſur-tout des pays du Nord, où les
Abeilles ſont très-multipliées. On a ſup-
puté que la conſommation qui ſe fait
en France de cire étrangere ſe portoit
à plus d'un million de livres peſant.

En Barbarie, rien n'eſt ſi commun que
d'y ſophiſtiquer les gros pains de cire
jaune avec de la graiſſe ou du beurre;
cependant il eſt très-facile de s'appercevoir de cette fraude; on s'apperçoit
ſi elle eſt pure, en la mâchant; lorſqu'en
ſéparant les dents après avoir mordu la
cire, on entend un petit bruit ou cra-
quement ſec, c'eſt une bonne marque;
on peut être pour lors aſſuré qu'elle n'eſt
pas alliée de graiſſe; d'ailleurs la graiſſe
ſe fait ſentir au goût dans la cire ſo-
phiſtiquée : les connoiſſeurs ont encore
d'autres indices, que la grande habitude
leur a rendus familiers; on ſophiſtique
encore quelquefois la cire jaune avec
de la térébenthine & des réſines ; mais
elle tient pour lors aux dents.

La cire jaune eſt émoliente & réſo-
lutive; on s'en ſert dans les emplâtres
& les onguens, pour leur donner de la
conſiſtance; elle s'emploie rarement à
l'intérieur; ſa qualité tenace fait craindre
qu'elle n'occaſionne pour lors des obſ-

truction : cependant elle fournit un remede plufieurs fois éprouvé dans la diffenterie. On prend pour cet effet une
pomme de coing, ou une pomme douce;
on coupe cette pomme tranfverfalement
en deux parties inégales, on creufe la
portion la plus groffe, & l'on y met environ deux gros de cire; on recouvre
cette partie de l'autre, & l'on fait cuire
le tout fous des cendres chaudes, pour
que la cire puiffe fe fondre & pénétrer
toute la fubftance de la pomme; on la
fait pour lors manger au malade : elle
appaife promptement les douleurs, &
calme le flux diffentrique.

La cire blanche eft une préparation
de la cire jaune. On la fait fondre fur
le feu; on la lave plufieurs fois dans
l'eau, on la divife en parcelles, on
l'étend, on l'expofe à l'air & à la rofée
pendant fix ou fept femaines; & l'on fait
des blancheries de cire depuis le printemps jufqu'à la fin de l'automne : on
change par-là fa couleur jaune en une
bien blanche; & afin de rendre cette
blancheur encore plus parfaite & plus
luftrée, les ouvriers ont coutume de
mêler dans cette cire, après l'avoir fait
fondre, du tartre blanc ou du criftal de
tartre; ils la clarifient par ce moyen,

H v

en faifant féparer de la moitié une craffe
ou autre impureté qui peut y être reftée.
On travaille à la cire blanche en plufieurs
provinces ; mais la meilleure & la plus
belle fe prépare en Bretagne : pour
qu'elle foit bonne, elle doit être pure,
bien blanche, claire, tranfparente,
dure, caffante, infipide au goût, n'ad-
hérant point aux dents quand on la
mâche. Cette efpece de cire eft émoliente, adouciffante, mais moins réfolutive que la jaune, parce que la lotion
a emporté la plus grande partie de fon fel.

On donne le nom de cire grenée à
une cire blanche fondue & battue avec
des verges pendant qu'on y jette de l'eau
fraîche : par cette raréfaction on augmente fa blancheur, & on la rend plus
propre pour les pommades, dans lefquelles on la fait quelquefois entrer.
Quoique la cire foit de la folidité &
de la dureté que tout le monde lui
connoît, cependant elle n'eft compofée
que du mélange de deux liqueurs, d'un
flegme abondant qui tient un acide dif-
fout, & d'une huile. Ainfi, l'on peut
dire que quand la cire brûle, ce n'eft
que de l'eau qui brûle, animée toutefois d'une légere portion de matiere ful-
fureufe. La cire donne par la diftil-

lation, du beurre, un esprit, & de l'huile.
Nous allons rapporter ici les procédés
qu'on peut suivre pour se les procurer.

Vous faites fondre pour cet effet deux
livres de cire jaune dans un plat de terre,
vous y mélez ensuite trois ou quatre
livres d'argile en poudre, ou autant
qu'il en faut pour faire une pâte que
vous formerez en petites boules, & vous
les mettrez dans une cornue de grès
ou de verre lutté, dont le tiers de-
meurera vuide; vous placez cette cornue dans le fourneau du réverbere, vous
y adaptez un récipient; & ayant lutté
les jointures, vous donnez un petit
feu au commencement : il sortira du
phlegme, puis un esprit : vous augmen-
tez un peu le feu, & il distillera une
liqueur qui se condensera dans le récipient en forme de beurre : vous continuez le feu jusqu'à ce qu'il ne sorte plus
rien; vous déluttez ensuite les jointures,
vous séparez l'esprit mélé de phlegme,
d'avec le beurre, & vous le gardez dans
une phiole bien bouchée; cet esprit est
un excellent apéritif; sa dose est depuis
dix gouttes jusqu'à trente, dans de l'eau
de rave ou dans une autre liqueur appropriée : quant au beurre de cire, c'est
un bon résolutif pour les tumeurs, les

humeurs froides, les douleurs des jointures, la paralyſie, les engelures, les
crevaſſes du ſein : pluſieurs la préferent
à l'huile de cire, qui eſt une vraie rec-
tification de ce beurre.

Liquéfiez ſur un fort petit feu le beurre
de cire dans un plat de terre : mélez
de la chaux vive nouvellement réduite
en poudre, autant qu'il en faudra pour
la corporifier en une pâte dure ; faites
entrer cette pâte dans la même cornue,
qui a ſervi à la diſtillation du beurre de
la cire ; placez-la dans un fourneau,
adaptez-y un récipient ; & ayant lutté
exactement les jointures, faites deſſous
un feu du premier degré : quand le vaiſſeau ſera échauffé, vous l'augmenterez
juſqu'au ſecond degré ; il ſortira un peu
de phlegme, enſuite de l'huile claire :
continuez le feu, en le preſſant plus fort
ſur la fin, juſqu'à ce qu'il ne ſorte plus
rien ; laiſſez refroidir les vaiſſeaux, &
ſéparez-les, vous trouverez dans le récipient l'huile de cire, claire, mélée
avec un peu d'eau ; ſéparez-la & la
gardez. L'huile de cire a la même propriété que le beurre pour l'extérieur ;
mais elle eſt un peu plus pénétrante ;
elle peut ſe prendre intérieurement
comme diurétique & comme un excel-

lent remede propre pour la pierre, la colique néphrétique, les ulceres du rein & de la veffie, la rétention d'urine, & pour atténuer les phlegmes : la dofe eft depuis deux gouttes jufqu'à dix dans du vin blanc, ou dans des eaux de pariétaire ou de rave.

On diftingue dans le commerce, outre la cire jaune & la blanche, d'autres efpeces de cire qui portent les noms des couleurs des ingrédiens qu'on y ajoute : la premiere eft la cire verte, qui n'eft autre chofe que la cire blanche ramollie avec un peu de térébenthine, & teinte avec du vert de-gris broyé ; cette cire eft propre pour amollir les cors des pieds, étant appliquée deffus en forme de cataplafme ; la feconde eft la cire rouge ; c'eft de la cire blanche amollie avec de la térébenthine, de même que la précédente ; mais elle eft rougie avec de la racine d'arcanette, ou bien avec le vermillon ; elle eft réfolutive appliquée extérieurement ; elle fert auffi pour appofer les fcellés : la troifieme eft la cire à gommer, qui eft de la cire fondue & mélée avec de la poix graffe : les Tapiffiers s'en fervent pour gommer leurs coutils. Nous ne parlerons pas ici de la cire à cacheter, parce qu'il n'y

entre point de cire dans ſa compoſition.
On prépare ſouvent la cire pour couvrir les bouteilles : on prend pour cette
préparation deux onces de cire blanche,
& une once & demie de pain bien émietté;
on mêle ces deux matieres enſemble,
& on met ce mélange ſur le bouchon
coupé au raz de la bouteille.

Il eſt inutile de répéter ici que le miel
eſt un ſuc en forme de roſée, que les
Abeilles tirent de deſſus les fleurs, &
que ce ſuc, reçu même dans leur eſtomac, y fermente; lorſqu'il commence
à fermenter, les Abeilles le vomiſſent
dans le fond de ces alvéoles, où ce ſuc
acheve peu à peu de fermenter, juſqu'à
ce qu'il devienne *miel parfait*; & quand
on veut ſe procurer de ce miel, il faut
le tirer des gâteaux; ce qui s'exécute
de trois façons différentes.

Par la premiere méthode, on ob-
tient du *miel vierge*; il coule de lui-même
ſans expreſſion & ſans force des gâteaux
nouvellement tirés, qu'on poſe tout
chauds, après les avoir rompus ou
coupés, ſur une petite claie d'oſier, ou
ſur une nappe ſuſpendue par les quatre
coins, ſous laquelle on met un vaiſſeau
bien propre pour recevoir le miel. Pluſieurs perſonnes, ſans ſe ſervir de claie,

ni de nappe, pour tirer le miel vierge,
mettent les gâteaux, fans les rompre,
les uns contre les autres, debout dans
un panier fur un poêle, dans un lieu
fort chaud; on égratigne un peu les
rayons, pour que le miel coule plus
promptement. Après que le miel vierge,
qui eft fans contredit le meilleur &
le plus délicat, a coulé, on tire encore des gâteaux du miel blanc; mais
c'eft en les mettant légerement en preffe;
comme il fe mêle néanmoins toujours
un peu de cire dans cette efpece de
miel, quoiqu'il foit blanc, il n'eft pas
à beaucoup près auffi blanc que le *miel
vierge*; auffi fait-il de la cire; il eft d'ailleurs plus épais que le premier : pour
la tirer, on prend les gâteaux tout
chauds & bien épluchés; on en remplit
de petits facs de toile claire, ronds &
pointus, comme des chauffes à hypo-
cras; on les met dans une preffe, & on
en exprime le miel, qui tombe dans un
vaiffeau qu'on a mis à cet effet fous la
preffe. Ce fecond miel, pris dans des
pots qu'on laiffe découverts quelque
temps pour qu'il fermente, fe purifie &
s'éclaircit en pouffant au dehors une
écume qu'on ôte avec une cuiller pro-

pre ; & quand toute l'écume est en dehors, on couvre les pots , & il ne faut
que du papier. Le troisieme miel est
le moins estimé : on ramasse tous les
gâteaux vieux & nouveaux , même
ceux qui ont donné le miel vieux &
les couvains ; on jette tout cela dans
une chaudiere, avec un peu d'eau, qu'on
fait tiédir, en remuant toujours : quand
ils font tiedes , on en remplit de petits
facs, & on les pressure, comme on a
fait le second miel ; mais on aura foin
de ne pas trop le chauffer ; il deviendroit noir & de mauvais goût, il s'y mê-
leroit même de la cire ; il ne faut pas non
plus mettre trop d'eau pour le chauffer,
il en feroit moins bon.

De tous les miels blancs, celui qui est
le plus délicieux est le miel de Nar-
bonne, fans doute à cause de la chaleur
& la quantité de romarin qui fe trouve
dans ce pays : quand le miel de Nar-
bonne est pur, il est aussi dur que du
fucre candi. On fait aux environs des
pains de miel blanc ; on les tire fans
feu des gâteaux des jeunes essaims de
l'année ; pour l'avoir bon il faut qu'il
foit épais, grené, clair, nouveau, transf-
parent, lourd, fillonné, d'une odeur

douce, agréable, un peu aromatique,
d'un goût doux & piquant : le miel qui
furnage fur le vafe eft le moins bon ;
le miel vierge eft plus âcre, plus laxa-
tif, & plus déterfif que le blanc ; c'eft
par cette raifon qu'on en fait ufage dans
les lavemens & les remedes extérieurs ;
le blanc s'emploie intérieurement, tant
comme aliment que comme médica-
ment. Le miel commun de Champagne
eft de tous les miels jaunes le meilleur ;
la raifon en eft évidente, le terrain y
eft fec, & les herbes qui y croiffent
font fines & aromatiques. On eftime plus
le miel fait au printemps, que celui
qui a été fait en été ; ce dernier eft encore préférable à celui d'automne, à
caufe que les fleurs font dans leur force ;
le miel blanc, même le pâle, l'emporte
fur le plus foncé, & celui qui écume peu
en bouillant, à celui qui écume beaucoup ; l'acre doux, à celui qui n'a que
de la douceur ; enfin le miel d'une médiocre odeur, à celui qui eft trop fenfible, parce que ce dernier fe trouve
pour l'ordinaire fophiftiqué par le thin
ou autres plantes qu'on y mêle : plufieurs
chofes contribuent à rendre le miel bon ;
la chaleur & la pureté de l'air, la bonté
des Abeilles, la nature des fleurs qu'elles

fucent, & l'adreſſe des ouvriers qui y travaillent.

On attribue au miel une vertu pectorale; il excite le crachement, il aide à la tranſpiration, il raréfie la pituite groſſiere, il lâche le ventre : avant la découverte du ſucre, il étoit de grand uſage dans pluſieurs alimens ; les anciens s'en ſervoient ſur-tout dans leurs ragoûts, leurs confitures, & leurs boiſſons : en général on peut dire que le miel eſt préférable au ſucre; ſans contredit il eſt plus balſamique, plus pectoral, & plus anodin. Le miel cru a une propriété ſinguliere pour préſerver de corruption les ſucs des plantes, les racines, les fleurs, les fruits, la viande même, en ſorte que les Bades, habitans du Ceylan, coupent les animaux par morceaux, qu'ils mettent avec du miel dans le trou d'un arbre, à une braſſe au-deſſus de la terre, & bouchent ce trou avec une branche du même arbre, dont ils font un tampon; ils la laiſſent ainſi pendant un an, après quoi elle eſt de bon goût.

Pour préparer le miel, c'eſt-à-dire, pour le rendre pur, beau, & tel qu'on l'emploie dans la thériaque & le mitridate; on le met ſur le feu dans un baſſin fans aucune addition d'humidité ; on ne lui donne qu'une légere ébullition , après quoi on le retire du feu ; & après l'avoir laiffé repofer, on l'écume bien avec une cuiller percée ; on le paffe enfuite par un tamis de crin ; il devient alors très-beau , très-pur, & d'une bonne confiftance. Quand le miel eft fort impur, les uns y ajoutent autant d'eau qu'il fe trouve de miel ; & fi après l'évaporation de l'humidité qu'on y a mife , il ne paroît pas entierement pur & clair, on aura recours au blanc d'œuf pour le clarifier.

On diftille quelquefois le miel ; on le met pour cet effet dans une cucurbite de grès fur un feu de fable modéré ; quand on s'apperçoit que le phlegme prend beaucoup de couleur, on l'ôte de deffus le feu , & on garde l'eau diftillée dans une bouteille : cette liqueur eft prefque jaune ; elle eft affez douce & agréable , à une odeur de miel , & eft néanmoins d'un goût un peu acide ; on la recommande pour fortifier le cœur ; on la dit auffi très-bonne pour la poitrine : elle eft en outre diurétique ; on en donne deux onces deux ou trois fois par jour aux nourrices auxquelles on veut faire perdre le lait : on la vante beaucoup contre les inflammations des yeux ; aussi l'emploie-t-on dans les collires & les fomentations qu'on destine contre cette maladie. En pressant plus loin la distillation du miel, on en obtient un peu d'huile légere ; & si on augmente le degré du feu, il en résulte un acide très - colorié & une petite quantité d'huile fétide ; le résidu est une substance noire, qui paroît spongieuse ; de cette substance pulvérisée, il s'éleve des particules ferrugineuses, qui s'attachent aux barreaux aimantés qu'on y présente ; on vante beaucoup cette poudre contre le mal de dents ; & l'huile empyreumatique, qu'on a obtenue par la distilation, s'emploie dans les mêmes cas où l'on fait usage des autres huiles fétides : l'acide colorié qui précede cette huile dans la distillation, est très-bon, à ce qu'on prétend, pour faire croître les cheveux ; on en humecte leurs racines avec une éponge, ou bien on en frotte le peigne : cet acide est en outre apéritif & diurétique, de même que les autres acides végétaux.

On vend dans les boutiques deux sortes de miel, le simple & le médicinal ;

ordinairement il s'en trouve de quatre
fortes de ce dernier, qui font le violat,
l'anthofat, le rofat & le mercurial,
fans y comprendre une infinité d'autres
qu'on peut préparer fur le champ.

C'eft avec le miel que les habitans de
la ville de Metz font une liqueur excellente, connue fous le nom d'hydromel;
ils prennent, pour la faire, trois pots
d'eau de fontaine; ils mettent cette eau
dans une chaudiere dont la capacité eft
au moins du double; ils ont en même
temps une baguette avec laquelle ils
prennent la hauteur de treize pots d'eau,
& ils font un cran à cette hauteur; ils
y jettent enfuite deux autres pots d'eau
& quatre pots de miel; ils font couler
le tout enfemble dans cette chaudiere,
jufqu'à ce qu'il foit réduit à la hauteur
du cran : ils ont fur-tout grand foin d'é-
cumer l'eau tant & fi long-temps qu'elle
cuit; & quand l'eau n'écume plus, ils
y jettent de temps en temps une demi-
chopine d'eau à la fois, pour la faire
mieux écumer : cela fait, on retire la
liqueur de deffus le feu, & on la met
toute bouillante dans un baril bien
échaudé & bien rincé, dans lequel on
aura jeté un demi-verre de bonne eau-
de-vie, ou environ, pour ôter le goût

& de l'eau & du bois ; on expofe le
baril au foleil pendant un mois ou cinq
femaines, & on le remplit tous les ma-
tins pendant ce temps ; on obfervera
fur-tout, qu'il ne faut qu'un baril de
dix pots pour toute cette compofition,
afin d'avoir de refte les trois autres pots.
Pour le remplir, on mettra enfuite à
l'endroit du bondon une petite plaque
de fer-blanc percée à jour, qu'on atta-
chera avec quatre broquettes. Après
avoir laiffé le baril expofé au foleil pendant un mois ou fix femaines, on le
mettra à la cave, & on en ôtéra la
plaque, pour y fubftituer le bondon : fi
on a de la liqueur de refte, on le remplira chaque quinze jours dans la cave :
à la pleine lune de Mars on tirera cette
liqueur, & on la mettra en bouteilles ;
plus elle fera vieille, meilleure elle fera.

Les Ruffes font leur hydromel d'une
façon qui paroît un peu différente de
la précédente, mais qui cependant, à
examiner de près, eft vraiemnt la
même. Ils prennent une certaine quantité de bon miel blanc, & huit fois autant d'eau de puits ; ils font un peu
chauffer l'eau dans un chaudron de
cuivre bien étamé ; enfuite ils y jettent
le miel & le font bouillir enfemble. Pen-

dant que la liqueur bout, ils l'écument
avec soin, jusqu'à ce que le tout soit
réduit au tiers : tout l'art consiste à ne
laisser bouillir ni trop ni trop peu. L'hydromel sera assez cuit, lorsqu'un œuf
frais pourra y surnager ; au reste, il
faut le faire bouillir plus ou moins,
selon la quantité du miel qu'on emploie.
Le meilleur n'a pas besoin de rester
aussi long-temps sur le feu que le
moindre ; lorsqu'il est encore chaud, on
le passe par un sac pointu, afin de le
clarifier ; après quoi on le met dans un
tonneau où il y a eu autrefois du vin ;
on expose ensuite le tonneau pendant
cinq à six semaines au soleil, ou derriere
un fourneau, ou sur un four de bou-
langer, afin que l'hydromel puisse bien
fermenter. Après avoir pris toutes ces
précautions, on le met dans la cave ;
dans les endroits où il y a beaucoup de
miel, on fait une liqueur inférieure à
celle-là avec l'eau qui a servi à laver
la cire & les vases où il y a eu du
miel : cette liqueur se donne aux domestiques. Les paysans font quelquefois
un mélange de bon vin nouveau avec
d'excellent miel ; ils obtiennent par ce
mélange une très-bonne boisson ; autrefois on en faisoit encore d'une autre

espece, qui étoit pareillement composée
de vin & de miel.

Dans l'Histoire des Insectes nuisibles,
nous avons indiqué les moyens qu'on
pourroit employer contre les piqûres
des Abeilles. Voyez page 120, chap.
VIII des Abeilles, 3ᵉ. édit.

Les Abeilles domestiques fournissent
encore plusieurs remedes à la matiere
médicale, outre ceux qu'elles lui fournissent par leur cire & leur miel : ces
insectes séchés & mis en poudre, sont
diurétiques, à la dose d'un demi-gros,
dans un verre de liqueur : leur marc,
qui est ce qui reste après qu'on a pressé
la cire des ruches, est extérieurement
résolutif : le propolis est digestif, atté-
nuant, résolutif.

CHAPITRE

CHAPITRE II.

Des Vers à soie.

LE Ver à soie se nomme, dans nos provinces méridionales, *Magnian*, *Magnau*, ou *Magnan* : c'est la plus laide de toutes les chenilles ; son corps est divisé en neuf anneaux, sur chacun desquels on apperçoit un petit mamelon noir, que les Naturalistes ont nommé stigmate, & que l'on croit être les endroits par où le Ver respire ; ces bouches répondent à des poumons d'une structure particuliere, qu'on appelle des trachées. M. Pomier, dans son Traité sur la culture des mûriers, a observé, qu'à mesure que le Ver change de peau & qu'il grossit, les stigmates & l'anus donnent naissance à des tuyaux qui s'alongent à chaque mue. Le tuyau de l'anus a cinq ou six lignes de longueur, & ceux des stigmates deux à trois. Avant de se métamorphoser en chrysalide, cet insecte fait quatre mues, c'est-à-dire, change quatre fois de peau : sa vie est ordinairement de six semaines,

I

durant lesquelles on dit qu'il éprouve quatre maladies, parce qu'en effet il est très-malade durant ses mues. Aux approches du changement de peau, l'intervalle qui sépare celle qui doit rester sur l'animal, & celle qui s'en détache, est rempli d'une liqueur gluante qui disjoint l'une de l'autre; pour lors le corps devient luisant & comme transparent, la tête grossit, le Ver se raccourcit; souvent il s'enfonce dans la litiere, & file quelques brins de soie, pour se donner un point d'appui qui l'aide à sortir de sa peau : l'insecte s'agite en divers sens; la peau commence presque toujours par la tête à se détacher; il acheve de se dégager de sa dépouille avant qu'elle soit endurcie : aussi-tôt que la tête & les premieres pattes sont débarrassées de la peau qu'il doit quitter, il se sert de ses pattes pour achever de se tirer de son fourreau. Comme il est alors durant quelques jours renfermé dans la litiere sans manger, on a coutume de dire qu'il dort : le Ver à soie a quatorze pattes, dont les six antérieures sont plus courtes que les huit autres. On distingue en Europe deux sortes de Vers à soie; les uns sont blancs & deviennent fort gros; les autres sont gris, & restent

plus petits : c'eſt cette derniere ſorte
qu'on regarde communément comme la
meilleure ; mais on les éleve aſſez in-
diſtinctement.

Juſqu'à la premiere mue le Ver gris
eſt noirâtre, & ſa tête d'un noir plus
brillant tant qu'il ſe porte bien ; c'eſt
mauvais ſigne quand il eſt rougeâtre
ou d'un brun clair. Les jeunes Vers n'ont
guere qu'une ligne & demie de longueur quand ils ſont prêts à ſe dépouiller pour la premiere fois ; ce qui
arrive ordinairement du quatrieme au
ſeptieme jour depuis leur naiſſance. Le
ſigne de cette mue , c'eſt que les anneaux les plus prêts de la tête blanchiſſent, le reſte du corps devient d'un
brun clair & luiſant ; ils ſe cachent alors
dans la litiere, y reſtent un ou deux
jours ſans manger , & n'en ſortent que
quand ils ont quitté leurs dépouilles :
cette premiere mue eſt rarement dangereuſe : lorſqu'ils en ſortent , ils ſont
couleur de café au lait , & marqués de
taches noires , que l'on n'apperçoit
qu'avec beaucoup d'attention : auprès
de la tête les anneaux ſont d'un gris
plus clair. Le terme d'une mue à l'autre
varie ſelon le degré de chaleur & ſelon
la qualité de la nourriture & du tem-

pérament, pour l'ordinaire, fix ou fept
jours après la mue. L'infecte ayant environ quatre lignes de longueur, prend
une couleur cendrée un peu verdâtre;
les taches noires difparoiffent abfolument, fa tête s'enfle, il ceffe de manger, s'enfonce dans la litiere, y refte
deux ou trois jours, puis s'agite beaucoup pour fe dépouiller une feconde
fois de fa peau : les efforts qu'il fait le
rendent prefque rouge, fa peau fe ride
& fe retire par plis; après cela il eft
de couleur de petit gris, marqué de
taches, les unes noires, les autres bru-
nes, qui forment comme des chevrons
brifés; & fur le quatriéme anneau du
côté de la tête, on apperçoit deux appendices : les pattes deviennent blanches ou jaunes : on prétend que cette
différence de couleur annonce quelle
fera celle des cocons. Les Vers reftent de
fix à dix jours avant d'être en mue
pour la troifieme fois; ils ont alors à
peu près huit lignes de longueur : cette
mue s'annonce comme les précédentes,
& ils demeurent quelquefois plus de
quatre jours dans la litiere; au fortir
de cette maladie, ils font d'un gris très-
clair, prefque fans taches; les deux appendices fubfiftent; le mufle eft brun

toute la longueur des Vers est d'environ un pouce ; ils restent cinq à six jours dans cet état ; puis étant longs d'à peu près quinze lignes, ils se disposent à la quatrieme mue, durant laquelle ils se tiennent quatre à huit jours enfermés dans la litiere ; il en périt plus à cette mue qu'aux trois premieres : quelques-uns aussi, au lieu d'entrer dans la litiere, cherchent pour lors à faire leurs cocons.

Ceux qui ont supporté la quatrieme mue ont une couleur de chair qui s'éclaircit dans l'espace de deux ou trois jours ; ceux chez qui elle jaunit meurent infailliblement ; les vigoureux deviennent comme cendrés, ont un appétit vorace, prennent une longueur de trois à quatre pouces, & au bout de huit à dix jours, depuis la derniere mue, se disposent *à monter*, c'est-à-dire, à faire leurs cocons.

Quand leur voracité est passée, leur corps acquiert à peu près la couleur de la soie qu'ils doivent filer : ils deviennent transparens, cessent de manger, se vuident d'une eau gluante & verdâtre, s'agitent pour chercher un endroit où ils puissent commodément travailler à leurs *cocons*, *coucons* ou *coques* : ce sont des especes d'œufs souples, tissus

avec beaucoup d'art, & fabriqués avec
la matiere que nous nommons soie,
& qui est jaune ou blanche; l'insecte
y est en état de chrysalide, ou feve,
couvert d'une peau qui lui sert d'enveloppe. Un Ver vigoureux fait sa coque
en quatre ou cinq jours, reste une
vingtaine de jours dans l'état de chrysalide; puis il rompt ses enveloppes, &
sort de sa coque sous la forme d'un de
ces papillons que l'on nomme phalenes.
On prétend communément que les cocons longs & pointus sont ceux dont
sortent les mâles, & que les femelles
forment des cocons plus gros & plus
arrondis : mais l'expérience ne confirme
pas cette assertion.

Lorsque les papillons ont ressuyé
leurs aîles, au sortir des cocons, ils
s'accouplent promptement, ne mangeant point & ne faisant presque aucun
usage de leurs aîles; ils n'ont à s'occuper que de la multiplication de leur
espece : leur accouplement dure six à
huit heures, & quelquefois bien davantage : à mesure que la femelle se sépare du mâle, elle évacue une liqueur
visqueuse, qui probablement endomma-
geroit les œufs ; après quoi elle ne tarde
pas à faire sa ponte, qui est d'environ

trois cent cinquante œufs , puis elle meurt. Ces œufs nouvellement fortis de la femelle font de couleur jonquille au bout de quelques jours; ceux qui ont été bien fécondés deviennent couleur de cendre; les autres blanchiſſent, ou ont encore toute autre couleur que cendrée.

Les feuilles de mûrier font la nourriture ordinaire du Ver à foie. On diſtingue communément deux fortes de mûrier, le noir & le blanc : celui-ci fe diviſe en douze eſpeces ou variétés : la premiere variété fe nomme *mûrier à feuilles bâtardes* : cet arbre croît fort vîte & fournit beaucoup de feuilles. Ces feuilles font grandes, & ont huit à neuf pouces de largeur, fur neuf à dix de longueur; elles font de plus découpées en quatre parties, deux de chaque côté; leur couleur eſt d'un vert clair; il eſt très-facile de les cueillir : on les eſtime beaucoup pour les Vers à foie; & la grandeur de ces feuilles diminue à meſure que l'arbre vieillit. La feconde variété de mûrier eſt la *groſſe blanquette* ; elle groſſit fort vîte, & pouſſe d'auſſi beaux jets que la premiere eſpece; fa feuille eſt ronde, mais un peu plus longue que large; elle eſt auſſi grande

que celle de la premiere variété, d'un
tiſſu très-fin & d'une écorce jaunâtre.

La troiſieme variété eſt le mûrier
ſurnommé la *petite blanquette*; il leve
bien & produit beaucoup : ſa feuille eſt
à peu près de la couleur de celle de
la *groſſe blanquette*; mais elle n'eſt pas
ſi grande; elle eſt facile à cueillir; les
arbres s'en dépouillent ordinairement
à la Touſſaint : on la croit très-bonne
pour les Vers à ſoie; ſon ſeul défaut
c'eſt de ſécher; ce qui arrive pour l'ordinaire à la fin de la récolte, ſur-tout
lorſqu'il y a des brouillards; c'eſt pourquoi on la donnera aux Vers à ſoie un
peu avant la fraiſe; on fera par conſéquent très-bien de ne pas planter cette
eſpece de mûriers dans les fonds.

La quatrieme variété de mûrier eſt
celle qu'on nomme *toute fine* : ſa feuille
eſt en effet très-fine; elle eſt ronde &
cependant un peu alongée; l'arbre
pouſſe par le bas des jets fort gros qui
diminuent beaucoup vers leurs pointes.
Ces ſortes de jets ne ſe plient pas facilement : l'eſpece eſt d'ailleurs fort facile à élever, & paſſe encore pour être
très-bonne.

On nomme la cinquieme le *gros pécourouge* : ſa feuille eſt d'une moyenne

grandeur, d'un vert clair, un peu jaunâtre ; l'arbre est extrêmement chargé de feuilles, & facile à dépouiller. Un homme laborieux peut très-bien cueillir cinquante livres de ces feuilles en une heure : on les estime beaucoup pour les Vers à soie. La soie que produisent les Vers nourris avec ces feuilles, est très fine : on nomme cette espece *pécourouge*, parce que la peau en est un peu rouge. Quand les boutons de ce mûrier commencent à se gonfler, l'on voit paroître le fruit qui tombe quelque temps après ; ensorte que, quand on cueille les feuilles, il n'en reste que très-peu, & sa couleur est grise.

La sixieme variété est le *petit pécourouge* ; il ressemble beaucoup au *gros pécourouge* : la feuille en est un peu plus petite, & la peau moins rouge : cette espece est assez bonne ; mais sa croissance est tardive.

La septieme est *le mûrier noirâtre* ; sa feuille est assez grande ; le vert est un peu foncé ; l'espece en est probablement bonne, & l'arbre est très - abondant. Quoique la mûre qu'il produit paroisse être noire, ce n'est pas cependant le mûrier qu'on cultive dans les cours,

I v

& qui conſtitue une eſpece, & non
pas une variété.

La huitieme variété eſt *le mûrier*
qui provient de ſemences : ſa feuille eſt
très-belle, & l'arbre vient vîte ; on peut
le mettre au rang des meilleurs variétés.

La neuvieme eſt connue ſous le nom
de *feuille roſe*, ou de *feuille d'Italie* la
feuille de cette eſpece eſt d'une moyenne
grandeur, à peu près comme celle du
petit pécourouge : lorſqu'elle commence
à vieillir, elle devient rouge & aſſez
difficile à cueillir ; l'arbre d'ailleurs vient
beaucoup plus lentement que les autres eſpeces, & ne croît pas plus que
le *petit pécourouge* : cette variété eſt fort
commune du côté de Lyon ; c'eſt même
la ſeule qu'on cultive ; elle a ſon mérite, ſans néanmoins être la meilleure ;
le fruit en eſt blanc, & tacheté de gris.

La dixieme variété eſt le mûrier
qu'on nomme *feuille d'Eſpagne*, ou, ſuivant d'autres, *feuille romaine* ; ſa feuille
eſt grande, ronde, & fort épaiſſe ; l'arbre
n'en fournit pas une grande quantité ;
mais il eſt auſſi abondant que les autres,
eu égard à la grandeur & à l'épaiſſeur
de la feuille ; l'extrémité des branches
en eſt ordinairement aſſez garnie. Ce

mûrier vient très-lentement ; on n'en donne ordinairement la feuille aux Vers à soie, que lorsqu'ils sont prêts à faire leurs cocons ; souvent même elle ne vaut rien ; la soie qui en provient est un peu grossiere.

Le *colombon* est la onzieme variété ; l'arbre fournit beaucoup, & sa feuille est très-bonne pour les Vers à soie ; il est très-commun dans le Languedoc.

Le *bouquetier* est la douzieme & meilleure variété ; la feuille de cet arbre est assez belle ; les branches en sont fort longues, & sa croissance est très-rapide ; c'est pour l'ordinaire au bout de ses branches que sont placées les feuilles. Cette espece est destinée à être greffée ; la pourette qu'elle produit après la greffe, jette de fort gros tuyaux ; elle est bonne pour être mise en pepiniere, & vient fort promptement. De toutes les variétés, il n'y en a point de meilleure que celle-ci, sur-tout lorsqu'on l'a greffée avec quelques-unes de celles dont nous avons parlé ; si on n'a pas eu cette attention, c'est, en revanche, la plus mauvaise.

On multiplie les mûriers de trois manieres, par semence, par provins, & par la greffe : la semence exige de pe-

tits détails pour pouvoir la recueillir:
on met dans un baquet de grosses mûres
blanches; on choisit sur-tout celles qui
proviennent des arbres de la meilleure
espece, & qui, par leur parfaite maturité, se trouvent sur la terre, au pied
de l'arbre d'où elles sont tombées; elles
restent dans ce baquet 24 heures; on
les écrasera ensuite, soit avec les pieds,
soit avec les mains; on verse, à mesure
qu'on les brise, de l'eau par-dessus; on
laisse reposer cette eau; on jette toute
l'ordure qui y surnage. Cette opération
faite, on incline doucement ce baquet
pour faire incliner l'eau: la bonne graine
reste au fond; on continuera de verser
de la nouvelle eau par-dessus, jusqu'à
ce que la graine se trouve entierement
pure: on la fait ensuite sécher, & on la
remue pour en ôter toute la poussiere.
On ne peut la conserver tout au plus
qu'un an; aussi la seme-t-on pour l'ordinaire dès qu'elle est recueillie; & on
ne differe au moins qu'au printemps
suivant.

Quand on veut semer de la graine
de mûrier, on choisit dans un jardin l'endroit moins exposé au vent; on en prépare la terre par de bons labours; &
pour la rendre plus facile à la culture,

ſi elle ſe trouve totalement deſſéchée, on arroſe la veille qu'on la laboure; on fume cette terre avec du fumier à demi conſommé, ou bien on l'eſſaye avec du terreau; on la dreſſera enſuite en planches en forme de couche; il importe fort peu de quelle longueur elles ſoient, pouvu que chaque planche n'ait tout au plus que quatre pieds de largeur: on dreſſe ces planches en dos d'âne; on les éleve au moins d'un demi-pied au-deſſus du niveau. Tout étant ainſi diſpoſé, on ſeme la graine: on ne fait communément cette opération que dans un beau jour; on obſerve ſur-tout qu'il ne ſoit ni pluvieux ni venteux. On fait tremper cette graine douze heures avant de la ſemer: pendant ce temps, on trace ſur la terre préparée pour la recevoir, des rayons de cinq à ſix pouces de largeur & de deux ou trois de profondeur, bien unis & eſpacés régulierement à deux pieds l'un de l'autre. On répand la graine dans ces rayons, en s'y prenant à peu près de la même maniere qu'on ſeme la laitue, en obſervant néanmoins qu'elle ſoit moins épaiſſe; on la couvre enſuite d'un demi-pouce de terre bien ameublie; pendant les quinze premiers jours; on met ſur les planches de

la menue paille ou des claies, tant pour
en entretenir la fraîcheur, que pour
garantir la semence, des oiseaux, jusqu'à
ce qu'elle soit levée; quand elle l'est une
fois, on ne doit pas moins la couvrir,
sur-tout dans la nuit, à cause des gelées
du printemps, quelquefois même pendant le jour, dans le temps des intem-
péries de l'air; mais il faut découvrir
lorsque le temps est serein & présente
un beau jour.

Cette jeune plante est tres-délicate;
le moindre air peut la faire mourir; on
appelle *pourette* le jeune plant du mûrier. La culture de la pourette se réduit,
pour la premiere année, à très-peu de
chose; on la sarcle uniquement de toute
mauvaise herbe; on l'arrose de temps
en temps par les chaleurs, car le trop
d'arrosement peut devenir nuisible : on
laisse croître ce jeune plant à volonté,
sans en retrancher aucune branche : à
l'approche de l'hiver, on répand sur les
planches un peu de fumier; on les couvre avec des clayes ou de la paille pendant les froids les plus rigoureux, de
peur que l'extrémité de sa tige, & même
toute sa tige ne vienne à geler. Quelques personnes prétendent qu'on feroit
bien de garantir, pendant la premiere

année, les jeunes plants de mûriers, de
la trop grande chaleur, qui, pour
l'ordinaire, les fait sécher & brûler.

Lorsqu'on est obligé d'arroser les planches avant que la semence soit levée,
ou quand le plant commence à paroître,
il ne faut se servir, pour les arroser,
que d'un arrosoir à tête finement percée,
pour que l'eau n'humecte point trop la
terre, ne découvre pas le grain, ne déracine & n'entraîne point les petits jets.

Si l'on s'apperçoit que les jeunes jets,
lorsqu'ils commencent à sortir de terre,
soient trop pressés, il faut aussi-tôt les
éclaircir, pour que ceux qui restent
puissent prendre une nourriture suffisante : on transplante la pourette en pé-
piniere au mois de Mars ou d'Avril
suivant, c'est-à-dire, un an après qu'elle
est sortie; on differe quelquefois jusqu'à
deux ans ; pourvu qu'elle soit de la
grosseur d'un tuyau de plume, cela
suffit. Quand tous les jets ne paroissent
pas être de la même force, on choisit
pour le replant les plus forts, & on
laisse encore les autres sur place un an.
La *pourette*, lorsqu'elle est bien ajustée
& qu'elle est assez forte, peut aisément
se transporter sans dommage : on fait de
petits paquets d'une centaine de jets ;

on en enveloppe les racines avec un peu de terre ; on arrose pendant la route la toile qui les enveloppe, ou la caisse où on peut les mettre, & à laquelle on fait des trous dessus & dessous.

En plantant la pourette, il faut couper le bout des grosses racines jusqu'au niveau de celles qui ne forment qu'une espece de barbe, & couper les jets à quatre ou cinq pouces de terre.

Pour faire cette plantation, on tire au cordeau des tranchées ou rigoles de six à sept pouces de profondeur, sur une pareille largeur ; on arrange dans ces rigoles les racines de la pourette ; on les recouvre ensuite, en foulant également la terre qui les environne. On peut aussi planter les jets à la cheville ; mais il faut auparavant avoir eu la précaution de faire miner, à un pied & demi ou deux pieds, tout le terrain ; on donnera à ces jeunes plantes deux pieds & demi en tous sens ; & on les plantera en échiquier. Cette plantation une fois faite, il ne s'agit plus que de sa culture ; elle se réduit à sarcler les mauvaises herbes, à donner trois labours en Avril, Juin & Août, en évitant d'endommager les racines, & à arroser le jeune plant dans la saison brûlante de l'été.

Avant de planter la pourette, on fera très-bien de planter les jets pendant quelque temps dans l'eau, fur-tout s'il y a long-temps qu'ils font arrachés ; on rappellera par ce moyen la fève : quand les jeunes plants font bien repris, & qu'ils ont même commencé à pouffer, & s'ils ont produit deux ou trois jets, il faut n'en laiffer qu'un ; on choifit celui qui paroîtra le plus vigoureux & le mieux difpofé pour former la tige. Dans les mois de Juillet, d'Août & de Septembre, on nettoie le jet de tout ce qu'il peut avoir pouffé, feulement à un pied de terre. Au mois de Mars fuivant, fi les jeunes plants paroiffent peu vigoureux, & s'ils ne pouffent qu'avec peine, il faut les rapprocher, c'eft-à-dire, les couper à cinq ou fix pouces de terre ; les racines s'en fortifieront mieux, & l'arbre en deviendra plus beau : on tâchera de l'élever à la hauteur de fix pieds ; enfuite on l'arrêtera, afin que la tête fe forme. Quand ces plants auront atteint l'âge de cinq ou fix ans, c'eft-à-dire, lorfqu'ils feront de la groffeur du bras, on les plantera à demeure.

La feconde façon de multiplier les mûriers eft par provins, autrement par marcotes : on couche les branches ou rejetons qui sortent du pied de l'arbre, on les plie, & on les tord délicatement, sans les rompre ni les détacher du pied de l'arbre. Cette opération se fait au printemps dans le temps de la sève, de même qu'en automne. Quand les provins ont pris racine, on les sépare de l'arbre, & on les met en pépiniere, pour les replanter ensuite lorsqu'ils se trouvent assez forts.

La troisieme maniere de multiplier les mûriers, est par la greffe : on greffe les bonnes especes sur les mauvaises : cette opération se fait ordinairement lorsque les jeunes plants sont encore en pépiniere, avant de les transplanter : on pratique la greffe au commencement de Juillet, ou, au plus tard, dans les derniers jours d'Août : on peut aussi greffer au printemps, dès l'instant même qu'on peut se procurer les premieres greffes de cette saison ; il faut choisir un temps sec & chaud. Le sujet doit avoir au moins deux pouces de circonférence, pour pouvoir y placer la greffe ; les greffes à écusson & en flûtes sont les plus usitées pour les mûriers. Quand on greffe en écusson, on le fait ordinairement à un demi-pied de terre, &

même plus bas ; car il est d'usage, contre l'ordinaire des autres arbres, d'enter la greffe des mûriers, lorsqu'on les transplante : quand on greffe la pourette dans les mois de Juillet & d'Août, il faut nécessairement couper, dans les mois de Mars ou d'Avril suivant, les jets qui auront poussé à deux ou trois pouces au-dessus de la greffe, parce qu'il faut que le mûrier pousse toute la hauteur qu'il doit avoir dans l'année : mais si c'est au mois d'Avril qu'on greffe cet arbre, comme l'arbre aura fait tout son cru dans la même année, il devient inutile de le couper l'année d'après ; il suffit d'en pincer le jet, lorsqu'il aura atteint la hauteur de six pieds, afin d'arrêter & de faire grossir la tige.

Lorsque la tige du mûrier a six pieds de haut, & environ quatre pouces & demi de circonférence, cet arbre est en état d'être placé à demeure. La saison la plus favorable pour cette plantation est le printemps, si le terrain qu'on lui destine est d'une nature légere ; mais si la terre en est forte & sujette à retenir l'eau, on fera cette opération par préférence en automne, le vrai temps, même en toute sorte de terre, pour la replanter, ainsi que tous les autres ar-

bres dont les feuilles tombent en automne, suivant que l'expérience l'a dé-
montré. On fait, quatre ou cinq mois
après cette plantation, des fosses dans
les endroits qu'on destine à ces arbres;
on donne à ces fosses six pieds en carré,
sur deux & demi de profondeur, &
même davantage, si la terre est forte;
on varie la distance des mûriers, suivant la nature du terrain, & suivant le
rapport qu'on en veut tirer : quand on
plante les mûriers en bordure le long
d'un champ, on les espace de quinze
à dix-huit pieds les uns des autres. Si
on veut que la terre, où ils sont plantés,
puisse encore être de quelque rapport,
il faut les espacer de trente-six à quarante pieds : si la qualité du terrain est
médiocre, on les plantera de vingt-
quatre à trente pieds; mais si elle est
absolument mauvaise, on les plantera
à quinze ou dix-huit pieds de distance
au plus.

On tâchera, en arrachant les re-
plants, de ne point offenser les racines;
& si on les déracine pour le lointain,
on les enveloppera de paille. Avant de
planter ces arbres, on rafraîchira les
racines; & on coupera tout ce qui se
trouvera froissé, brisé, & rompu; on

coupera pareillement toutes les branches qui se trouveront mal placées, & on rapprochera les autres, en les réduisant tout au plus à deux ou trois lignes de longueur. Voici comme on procede à la plantation : si on les place dans une terre legere, & si le creux qu'on a fait n'a que deux pieds & demi de profondeur, on commence par y jeter un demi-pied de la terre qui sert de surface aux champs labourés ; on y pose, on y arrange les racines, & on remplit ensuite le creux de la terre qui en a été ôtée : il seroit plus avantageux d'y mettre une demi-charge de fumier

Si on destine le mûrier à une terre forte, grasse ou argileuse, comme le creux doit être alors plus profond, il est à propos d'y jeter quelques fagots de feuillages coupés plusieurs jours auparavant ; ces feuillages, qu'on couvre d'une terre légere avant d'y mettre l'arbre, rendent la terre meuble, font que les racines s'y étendent plus facilement ; & d'un autre côté, lorsque les feuilles pourrissent, elles servent de fumier, & conservent à la terre sa fraîcheur.

Les mûriers réussissent en toute sorte de terrain ; cependant ceux qui sont plantés en terre graffe, humide, dans les vallons, près des rivieres & des ruiffeaux, croiffent mieux que ceux qui font plantés dans les terrains fecs & fablonneux. Ils fourniffent auffi aux Vers à foie, dans leurs feuilles, une nourriture bien plus fubftantielle, mais infiniment moins délicate; c'eft par cette raifon que les coques qui proviennent des Vers nourris de ces premieres feuilles, ne font ni fi fermes ni fi bonnes.

On fera très-bien de planter des mûriers blancs en efpaliers, ou en haies, le long d'un mur expofé au midi. Ces arbres donnent des feuilles bien plutôt que ceux qui font expofés au vent : on pourra par conféquent faire éclore plutôt les œufs des Vers à foie, d'autant même que ces infectes trouveront, par ce moyen, de la nourriture toute prête, & feront pour lors en état de filer avant les pluies, qui n'arrivent pour l'ordinaire qu'au mois de Juin ou de Juillet.

Quand les Vers à foie font nouvellement éclos, il ne leur faut que très-peu de nourriture; les feuilles des fimples efpaliers pourront leur fuffire, jufqu'à la premiere mue ; les feuilles des hauts-vents remplacent enfuite celles des efpaliers, & fe trouvent par là beaucoup ménagées : on nourrira ainsi plus de Vers à soie avec dix gros mûriers plein-vent, qu'on ne feroit en toute autre circonstance avec vingt mûriers; les Vers à soie s'en portent même mieux. Quand ils sont jeunes, il leur faut des feuilles tendres & succulentes; on les rencontre dans les mûriers espaliers : lorsqu'ils deviennent forts, ils exigent, pour faire de la belle soie, des feuilles délicates, seches, & dont la tête soit bien élaborée. On trouvera ces qualités dans les mûriers haut-vent. Un autre avantage qu'on peut retirer des mûriers espaliers, c'est que dans notre climat les mûriers en plein-vent sont exposés au printemps à des gelées, ce qui n'arrive pas à ceux qui sont en espalier : les Vers à soie sont pour lors obligés de mourir, à défaut de cette nourriture.

Lorsque le mûrier est une fois planté à découvert, il exige pendant les dix premieres années trois ou quatre cultures au pied de son tronc, & à la distance au moins de six pieds autour, sur-tout si la terre où on l'a planté est neuve & en friche; mais si c'est une terre ensemencée, la culture qu'on lui donne d'ordinaire peut suffire. On agiroit très-prudemment si on ne semoit

rien autour des mûriers pendant les
premieres années, au moins à la diftance de fix pieds. Deux ou trois arro-
femens, pendant les grandes chaleurs,
leur feront très-bien, fur-tout dans les
premieres années de leur plantation.
Chaque mois on enterrera à un pied
de profondeur, fur les racines du mûrier, une demi-charge de fumier, pour
en aider la végétation; on en mettra
même une charge entiere, quand l'arbre
paffera trente ans.

Il faut bien fe garder de dépouiller,
la premiere année de leur plantation,
les mûriers de leurs feuilles; il ne faut
pas même les tailler; on retranchera uniquement les jets qui pourroient venir
le long de la tige, fur-tout aux pieds.
La feconde année, on taille ces arbres
pour leur former de belles têtes; &
quand ils ne viennent pas affez vîte, on
rapproche les branches qui fervent à
former cette tête. On s'appliquera,
toutes les années fucceffivement, pendant douze ans, à donner pour la taille
une belle forme à cet arbre; après quoi
on ne le taillera que chaque trois ans,
quand la feuille du mûrier jaunira.

Malgré l'attention qu'on apporte à
leur culture, il faut déraciner l'arbre
l'automne

l'automne suivant, & le replanter sur
le champ. La seconde ou troisieme année
après que les mûriers ont été replan-
tés, selon qu'ils seront beaux, on pourra
cueillir de la feuille pour la nourriture
des Vers à soie. Il faut éviter, en la
ceuillant, de rompre ou d'arracher les
branches de l'arbre; s'il se rompt quelques branches, il faut promptement le
couper avec une petite hache, & bien
unir & arrondir la taille.

Si en trois ou quatre ans les mûriers
poussent de grandes branches qui éga-
lent en grosseur les pieds de l'arbre, &
qui puissent se rompre au premier vent;
on coupera ses branches; le pied se for-
tifiera, & il en poussera d'autres.

Lorsqu'on a greffé un mûrier, il faut,
pendant six ou sept ans, lui donner trois
cultures chaque année, en bêchant à
deux pieds autour; 1°. à la fin de Février ou au commencement de Mars;
2°. au mois de Juin; 3°. à la fin de
Septembre. Si l'on plante tout à coup
dix mille mûriers, on se procurera, au
bout de deux ou trois ans, de quoi
nourrir une grande quantité de Vers;
pour cet effet on plantera les jeunes
mûriers aussi épais qu'une haie, & à la
maniere des groseilliers; outre l'abon-

dance & la croissance rapide des feuilles
de ce jeune plant, on les peut facilement
cueillir; & l'on trouve dans son propre
fonds habituellement quantité de jeunes
arbres & de tendres rejetons propres
à transplanter; on taille ces haies comme
d'autres. Il y a même un autre avantage
à semer quelques portions de terre en
graines de mûrier, & à en couper les
plantes avec la faulx pour les tenir toujours bas; ce sont des prairies artifi-
cielles d'une espece singuliere. Ces branches seront également utiles pour la
nourriture des Vers, & même pour les
chevaux, qui en sont très-avides & qui
s'en nourrissent fort bien; elles seront
encore très-bonnes pour fournir une
espece de filasse. Le P. de la Meze,
dans son journal du voyage de Cha-
massé à Ispahan par la Province de
Quillan, en parlant du village nommé
Kadulon, dit que les maisons de ce
village sont séparées les unes des autres
par des plants d'arbres fruitiers, &
principalement de mûriers, dont les Habitans, ajoute-il, nourrissent des vers à
soie, qui font le grand commerce & la
richesse du pays. Les mûriers y sont
comme des bois taillis; on ne les laisse
monter qu'à la hauteur d'environ cinq

pieds ; on les dépouille au printemps de leurs feuilles ; on coupe ensuite les branches pendant l'été, & l'automne en produit de nouvelles ; le printemps suivant fait naître des feuilles jeunes & tendres, qui donnent une foie bien plus fine. On prétend que trente mûriers blancs, âgés de cinq à fix ans, plantés autour d'un arpent de terre, font plus que fuffifans pour nourrir en abondance les vers à foie qui proviennent d'une once de graine.

De la culture des mûriers, paf-fons aux détails qui concernent les Vers à foie. Quand on a fait éclore la graine, il faut en proportionner la quantité à celle des feuilles qu'on pof-fede pour les nourrir, & attendre que les feuilles des mûriers commencent à paroître. Pour ne pas fe tromper dans la proportion qu'il y a à faire de la graine avec les feuilles, il faut, avant toute chofe, pefer la graine qu'on veut faire éclore. Une once peut fournir des Vers fuffifamment pour confommer feize à vingt quintaux de feuilles : il eft facile de favoir le nombre des quintaux de feuilles que procurent les mûriers qu'on a en fa poffeffion ; il fuffit de

K ij

dépouiller entierement un arbre, & d'en peſer les feuilles ; quand on connoît parfaitement ce que produit cet arbre, la comparaiſon peut faire juger de sautres,

On ne peut fixer le temps pour faire couver la graine ; cela dépend des ſaiſons & des climats : on ne peut pour l'ordinaire la faire couver, que lorſque la feuille commence à paroître, puiſque cette feuille eſt leur nourriture. La méthode dont on ſe ſert pour faire éclore la graine eſt très-ſimple : lorſqu'on veut élever beaucoup de ces inſectes, on met trois onces de leur graine dans un ſachet ou dans un morceau de linge, qu'on noue enſuite. Il eſt bon d'obſerver qu'il faut que cette graine ſoit en liberté dans le ſachet, & qu'il y ait autant de vuide que de plein ; on place enſuite le ſachet dans un endroit chaud pendant environ dix jours, temps ordinaire pour faire éclore les vers, ayant ſur-tout la précaution d'entretenir le même degré de chaleur dans l'endroit où eſt dépoſé le ſachet. Si les dix jours ne ſuffiſent pas, il faut pour lors augmenter le degré de chaleur ; car c'eſt une marque qu'elle n'eſt pas ſuffiſante. Ce vrai degré de chaleur eſt depuis le vingt-deux juſqu'au 24 au-deſſus de la congélation du thermometre de M. de Réaumur : cela doit ſervir de regle.

Il eſt d'uſage, parmi ceux qui élevent beaucoup de Vers à ſoie, de mettre le nouet où eſt la graine, pendant la nuit, ſous le matelas où l'on couche, & de le porter ſur ſoi pendant le jour, pourvu cependant qu'on ne le poſe pas ſur la chair; il y en a qui mettent tout ſimplement le nouet à côté d'une cheminée, & ils y entretiennent tou-toujours un feu à peu près égal. Les petites chambres, que les Boulangers ont d'ordinaire derriere leur four, pourroient encore être utiles. Nous avons obſervé pluſieurs fois qu'il n'y a point d'endroit plus favorable pour faire éclore la graine de Vers à ſoie, que de la placer dans le lit auprès d'un enfant très-jeune ; on peut choiſir depuis trois ans juſqu'à ſept. Avant de placer cette graine dans le lit , nous étions dans l'uſage de la mettre dans un linge blanc de leſcive , ſans la preſſer ; nous enveloppions le linge d'un morceau de pluche de ſoie, & nous avions attention de renfermer intérieurement la partie poileuſe : cependant toute la graine ne réuſſit pas; celle que la pha-

lene donne à sa premiere ponte est
toujours la meilleure, tandis que celle
de la seconde ne vaut rien.

 M. de Lesbre indique une méthode,
qu'il assure être la meilleure pour faire
éclore les Vers à soie. Tout le monde,
dit-il, connoît les paniers d'osier dont on
se sert communément pour faire chauffer
le linge, & personne n'ignore la maniere
d'en faire usage ; cependant, comme
il y en a de forme différente, il est bon
d'avertir qu'on veut parler ici de ceux
qui ont la figure d'un cône dont la pointe
est applatie. La partie supérieure de
ceux-ci est séparée par une petite claie
ou cloison, qui est aussi d'osier, & c'est
dans cette partie qu'on place le linge
qu'on veut faire chauffer : on s'est servi
avec succès de cette espece de panier pour
faire éclore en peu de temps & presque
dans le même jour, une assez grande quantité de Vers à soie ; on met sur la cloison
du panier un morceau d'étoffe, telle que
de la grosse flanelle pliée en quatre,
ou un oreiller de plume de médiocre
épaisseur, proportionné à la largeur du
panier ; sur cette étoffe on place une
boîte faite de bois léger ou de carton,
préparée à la maniere ordinaire pour
recevoir la graine. La boîte doit être

fermée & couverte d'un autre morceau
de même étoffe, ou d'un second oreiller : une couverture de lit doit envelopper le tout, ainsi que le premier,
sous lequel on place un feu modéré.

Il faut avoir soin d'examiner si le degré de chaleur est convenable, c'est-à
dire, s'il est au point de celle d'une
personne bien échauffée dans son lit,
ou au degré indiqué par le thermometre
de M. de Réaumur pour faire éclore
les Vers à soie. Lorsqu'on la trouve
telle, on met dans la boîte déjà échauffée la quantité de graine qu'on veut
faire éclore, de sorte que cependant
elle ne soit pas trop épaisse, & qu'elle
soit également dispersée : on renferme
ensuite la boîte & le panier, & l'on a
soin d'entretenir la chaleur la plus égale
qu'il est possible ; on découvre pour cet
effet le panier de temps en temps ; &
lorsqu'on s'apperçoit qu'elle diminue
trop, on y remet du feu.

Par une semblable pratique suivie
pendant deux jours & deux nuits,
on dispose la graine à éclore le troisieme
ou quatrieme jour au plus tard. On a
le plaisir de voir naître successivement
tous les Vers dont la graine est bonne.
On prévoit sans doute, qu'à compter

de l'inftant où quelques Vers commencent à naître, il eft bon de modérer un
peu la chaleur, afin de ne pas nuire à
ceux qui commencent à naître, ou qui
font nés : il faut avoir attention de retirer ceux-ci lorfque le nombre augmente; & cette opération qui fe fait
fans déplacer la boîte, qui par conféquent conferve prefque la même chaleur, fait connoître d'ailleurs, par l'at-
touchement de l'étoffe, fi le degré de
chaleur eft au point qu'il convient. S'il
y a plufieurs paniers dans la même
chambre, ce qui arrive quand on éléve
une grande quantité de Vers à foie, on
doit confidérer qu'un tel logement étant
échauffé par la quantité du brafier,
on y doit mettre moins de feu, lorfqu'il s'agit d'entretenir le degré de chaleur : on conçoît auffi fans peine que
la chaleur du lieu étant toujours à peu
près égale, & au degré convenable, on
n'eft point en danger que les Vers périffent par la fraîcheur du jour ou de
la nuit, lorfqu'on les retire; ce qui arrive affez fouvent, lorfqu'on les fait
éclore entre des lits de plume & des
oreillers, ces infectes étant très-fenfibles
à la moindre impreffion de l'air au moment de leur naiffance. Il eft facile auffi

de reconnoître que cette méthode les met à l'abri de tous les accidens auxquels ils font exposés lorfqu'on veut les faire éclore fuivant la maniere dont on a fait ufage jufqu'à préfent.

Au furplus, l'expérience, plus perfuafive que tous les difcours, doit feule décider de la préférence qu'on doit donner aux différentes manieres de faire éclore ces infectes. Les Vers à foie, au moment de leur naiffance, ont une couleur noire, pourvu qu'on n'ait pas trop précipité la chaleur; tandis qu'ils naiffent roux, fi elle l'a été un peu trop; on ne doit pas néanmoins les jeter: mais lorfque leur couleur eft rouge en naiffant, ce qui défigne la trop grande chaleur qui les fait éclore, ils ne font bons qu'à jeter fur le champ; il faut mettre à l'inftant couver de l'autre graine, en cas qu'on en ait pour remplacer la premiere.

Dans la Province du Languedoc, on met pour l'ordinaire vingt onces de graine dans un même fachet ou nouet; on fe contente, pendant la nuit, de tenir le nouet dans un morceau d'étoffe qu'on échauffe de temps en temps, & qu'on dépofe dans la chambre la plus chaude. Pendant la nuit on met le nouet

K v

sous un matelas ; on le place d'abord au pied du lit, & on l'avance tous les jours, en sorte qu'au dixieme la graine se trouve placée proche le dos de la personne qui y est couchée ; au bout de quatre jours, on ouvre tous les jours le nouet, & on remue un peu la graine pour lui faire prendre l'air : lorsqu'elle change de couleur, & que, de noire ou grisâtre qu'elle étoit, elle devient blanche, ce qui arrive pour l'ordinaire au cinquieme jour, on met cette graine dans des boîtes de sapin bien sec, sur du papier ou sur du linge, ou même sur quelques morceaux de mousseline ; & on ne laisse à la graine ainsi déposée qu'environ sept ou huit lignes d'épaisseur. On place sur cette graine une feuille de papier découpée & trouée, ou bien on étend entre la graine & le papier un peu de chanvre ou de lin non filé ; les Vers s'y attachent, & en filant les fils de chanvre, ils trouvent le moyen de sortir au dessus du papier : on aura l'attention de tenir chaudement les boîtes, jusqu'à ce que les Vers à soie en soient entierement sortis : on peut encore les exposer au soleil ; mais on a le soin pour lors de les couvrir de quelques linges ou étoffes.

Lorſque les Vers ſont éclos, il s'agit de les tirer de la boîte : pour y parvenir, on étend ſur la feuille de papier des feuilles de mûrier ; les Vers à ſoie qui ſortent par les trous du papier, s'attachent aux feuilles ; & quand elles ſont ſuffiſamment chargées, on les retire de la boîte, & on les dépoſe ailleurs : on continue à mettre dans la boîte de nouvelles feuilles ; ce qu'on réitérera auſſi long-temps qu'il ſe trouve de jeunes Vers.

Il faut avoir attention, quand on tire les Vers de la boîte où on les a mis éclore, de les placer dans une autre, & de ne mettre enſemble que ceux qui ſont nés dans les vingt-quatre heures, afin que tous ceux d'une même boîte aient leur mue en même temps. Lorſque le Ver groſſit, on le met ſur des tablettes placées pour cet uſage ; on met par-deſſus les tablettes, avant d'y poſer les Vers, de la paille de ſeigle, qu'on rafraîchit à chaque mue : l'expérience confirme que cette méthode eſt la meilleure.

La mue eſt une des grandes maladies des Vers à ſoie ; ils y ſont ſujets quatre fois régulierement ; ils entrent dans la 1ʳᵉ. mue environ neuf ou dix jours après leur naiſſance, quelquefois même quatre ou cinq jours plus tard.

Les trois autres mues leur surviennent ordinairement de ſept jours en ſept jours : cependant les mues ſont quelquefois accélérées ou retardées d'un jour ou deux, ſuivant qu'il fait plus ou moins chaud, ou plus ou moins froid dans l'endroit où ſe trouvent placés des Vers à ſoie. On change les Vers à chaque mue pour nettoyer leurs litieres ; & depuis la derniere, on le fait réguliérement tous les deux jours, c'eſt à dire, qu'on les transporte d'un rayon ſur un autre. Pour faire ce changement, on éleve & on porte ſur les deux mains les feuilles de mûriers nouvellement placées, & ſur lesquelles les Vers ſe trouvent : après la derniere mue des Vers à ſoie, lorſqu'il ne s'agit plus que de les mettre dans les cabanes, on les transporte pour lors ſur la main, ou dans une aſſiette vernie, afin qu'ils ne s'attachent point : on perd auſſi bien moins de temps. Lorſqu'on fait tous ces changemens, il ne faut pas mettre ſur un même rayon tous ceux d'un autre rayon, à moins qu'ils n'euſſent mué tous à la fois, & qu'ils ne fuſſent ſortis enſemble de leur maladie. Il faut placer ſur un même rayon, juſqu'à ce qu'il soit entierement garni, tous les Vers à soie qu'on leve en même temps ou le même jour des différens rayons; & on continue cette opération à chaque mue : par ce moyen, tous les Vers à soie d'un même rayon arrivent en même temps à la maturité & à la monte. Si, nonobstant ces précautions, ils ne se trouvent pas avancés, on peut y rémédier en donnant un peu plus à manger à ceux qui sont retardés, & un peu moins à ceux qui sont avancés.

Quant au logement des Vers à soie, on peut les mettre indifféremment en toutes sortes de chambres, même au rez de chaussée, pourvu néanmoins qu'ils ne se trouvent pas trop exposés à l'humidité, au froid, ni à la trop grande chaleur : la meilleure exposition est le levant ou le midi; il faut qu'il y ait une cheminée dans la chambre où on les met, pour pouvoir l'échauffer en cas de besoin; il faut aussi que les portes & les fenêtres puissent se fermer exactement. Ces précautions prises, on place les Vers dans des boîtes; on les met ensuite dans des corbeilles plattes, sur des tables, & même sur toutes sortes de planches indistinctement, ou sur de

grandes claies d'ofier, des rofeaux, ou
des canes.

Quand on veut en élever une certaine
quantité, on fait conftruire différens rangs
de tablettes ou rayons, qu'on éleve d'un
pied & demi les uns des autres ; on leur
donne le plus de longueur que l'on peut,
& la largeur d'une toife au plus ; & on
les range de façon qu'on puiffe tourner
tout autour : à mefure que les Vers
groffiffent, il leur faut plus d'efpace :
on augmente donc, à chaque changement, les tables & les rayons, & on en
a toujours de tout prêts aux approches
des mues & des maladies.

Outre les mues, qui font les maladies
propres aux Vers à foie, ils font encore fujets à une infinité de maux capables de les faire périr : ces maux font
pour la plupart occafionnés par les mau-
vaifes qualités de la feuille, ou par une
nourriture trop abondante, & le plus
fouvent par trop d'humidité, trop de
froid, ou une trop grande chaleur. La
température de l'air le plus convenable,
lorfqu'ils font éclos, c'eft le feizieme
degré au-deffus de la congélation du
thermometre de M. de Réaumur. Si l'on
eft obligé, à caufe du froid, de faire

du feu dans la chambre où on les a
mis, on aura attention de n'en faire
qu'autant qu'il en faut pour faire monter
à cette hauteur le thermometre. Les
Vers a soie n'approchent de leur maturité que dans une saison fort avancée ;
ce qui fait que, malgré qu'on rafraîchisse
leur chambre par l'introduction de l'air
extérieur, rarement peut - on parvenir
à faire descendre la liqueur du thermometre jusqu'au seizieme degré : mais
dans ce cas, il n'y a rien à craindre ;
la chaleur naturelle de l'air n'est point
dangereuse pour ces insectes, sur-tout
lorsque celui de la chambre est continuellement renouvelé : s'il ne faisoit
point d'air dans le temps des chaleurs,
il faudroit donner à la chambre toute
la fraîcheur qu'on pourroit, en laissant
même les fenêtres ouvertes pendant la
nuit, s'il le falloit. Si on n'a pas la facilité d'avoir des thermometres, on y
supplée ainsi : depuis la premiere mue,
jusqu'à la montée des Vers à soie, on
entretient dans la chambre une température moyenne, presque toujours la
même. Comme il ne fait pas chaud dans
le temps que les Vers commencent à
éclore, on fait du feu dans la chambre,
& on la tient fermée jusqu'à ce que l'on

s'apperçoive que l'air devienne à peu près tempéré; ce qui arrive presque toujours vers la troisieme ou quatrieme mue: on retranche pour lors le feu, en tenant cependant la chambre fermée pendant quelque temps: mais dès que la quatrieme mue sera finie, jusqu'à ce que les cocons soient formés, on tiendra tout ouvert, en observant de se conduire toujours suivant le temps.

Les feuilles de mûrier, qui sont la nourriture des Vers à soie, demandent, de la part de ceux qui sont chargés de leur éducation, quelques légeres attentions; car il s'en trouve de meilleures les unes que les autres; & selon que les Vers à soie sont plus ou moins âgés, il leur faut une feuille plus ou moins nourrissante.

Les Vers à soie, nourris avec une feuille cueillie dans un terrain sec, réussissent beaucoup mieux, rendent plus de cocons, & sont moins sujets aux maladies qui les font mourir, que ceux qui sont nourris avec une feuille cueillie dans un terrain extrêmement gras; d'où on doit nécessairement conclure, qu'une feuille qui a trop de suc est la moins propre aux Vers à soie, qui, de leur nature, sont d'une subs-

stance froide, visqueuse, & très-humide,
& qui ont par conséquent besoin d'une
nourriture qui corrige cette substance.
Cela posé pour principe, on donnera,
dans les premiers âges des Vers à soie,
la feuille qui a le moins de suc, parce
que pour lors ils demandent moins de
nourriture; on leur donnera une feuille
plus nourrissante, à mesure qu'ils
grossiront; & on gardera la feuille du
mûrier d'Espagne, qui est très-grande,
pour la donner en dernier lieu, après
la quatrieme mue, & jusqu'à ce que les
Vers soient mis dans les cocons.

On aura attention de ne pas leur
donner des feuilles mouillées de rosée,
de pluie, ou de brouillard, parce que
ces sortes de feuilles rendent les Vers
gros : ainsi, avant de ramasser celles
qu'on leur destine; il faut attendre que
la rosée soit entierement passée, & les
brouillards dissipés. Cependant si une
pluie continuelle empêchoit qu'on ne
pût avoir que des feuilles mouillées, on
les étendra, pour les faire sécher, sur
un drap dans une chambre bien aérée,
& on aura soin de les faire remuer souvent. il faut observer aussi de ne point
employer, pour la nourriture des Vers,
les secondes feuilles que poussent les mû-

riers, après avoir été dépouillés des premieres; ces feuilles ne valent ab-solument rien. Quand les Vers viennent de naître, on peut leur donner de la feuille des jeunes mûriers qui sont en pé-piniere. Lorsqu'on ramassera les feuilles pour les Vers, on aura les mains pro-pres, & on en rejettera les feuilles se-ches.

Il ne faut jamais laisser les Vers à soie sans avoir à manger; mais il ne faut pas leur donner trop de feuilles; on leur en fera donner deux fois par jour, depuis leur naissance jusqu'à leur pre-miere maladie; ce qui se fait en les cou-vrant légerement trois fois depuis leur premiere maladie jusqu'à la quatrieme, en augmentant toujours la quantité des feuilles, à mesure qu'ils grossissent. Depuis leur derniere maladie jusqu'à leur ma-turité, on les couvrira de feuilles, même de l'épaisseur de trois pouces, en les répandant toujours uniment; on leur en donnera alors quatre ou cinq fois par jour.

Pour savoir la quantité des feuilles qui leur convient chaque fois, il suffit d'observer si les dernieres ont été man-gées trop tôt, ou si elles ne l'ont pas été tout à fait: il faut toujours leur distibuer les feuilles à la même heure, & en diminuer la quantité pendant le temps de leurs mues ou de leurs maladies ; car pour lors les feuilles leur deviendroient inutiles, seroient même perdues, les surchargeroient, & les fatigueroient par leur poids. Quand ces insectes sont une fois dans les cabanes, il ne faut leur en donner que très-peu à la fois, & seulement pour couvrir ceux qui ne sont pas montés : si on s'apperçoit que quelques-uns des Vers soient sortis de leur mue avant les autres, on peut discontinuer de leur donner à manger, jusqu'à ce que le tout en soit dehors ; ce qui arrive pour l'ordinaire vingt - quatre heures après, sur-tout lorsqu'on a le soin de les tenir également avancés. Au reste, comme cette privation de nourriture peut devenir nuisible à ces Vers précoces, il vaudra mieux les transporter sur d'autres rayons, afin de leur donner la nourriture dont ils ont besoin. La plupart des maladies qui surviennent aux Vers proviennent, ou d'une mauvaise nourriture, ou du froid, ou d'une chaleur excessive : on préviendra ces maladies, si on pratique exactement tout ce que nous venons de conseiller pour leur gouvernement.

Les Vers qui font attaqués de maladies, font, fuivant le langage vulgaire, ou gras, ou pâlis, & arpettes, ou jaunes, ou mufcadins. Les Vers *gras* font beaucoup plus blancs que les autres; ils font onctueux, ont le mufeau plus étroit, plus pointu, & plus luifant; ils périffent un ou deux jours après le temps de la mue, fans y avoir entré; car au lieu de refter dans la même place, comme ceux qui muent & qui fe dépouillent, ils marchent, ils mangent toujours, & continuent à groffir, pendant que les autres ne fauroient manger. Dès qu'on apperçoit de ces fortes de Vers, de peur qu'en crevant ils ne faliffent les autres, il faut les ôter & les jeter.

Les Vers *pâlis* & *arpettes* font des vers maigres, qui ne deviennent ordinairement tels qu'après leur troifieme ou quatrieme mue : ces fortes de Vers ceffent de manger, deviennent mous, fe rapetiffent en tout fens de la moitié, & périffent dans trois ou quatre jours. Les Vers jaunes ne paroiffent de cette couleur, que lorfque tous les Vers font prêts à monter; au lieu de mourir, ils s'enflent, & il leur vient fur la tête &

le long du corps des taches d'un vilain
jaune doré, qui s'étendent & leur gagnent
enfin tout le corps. Ces Vers doivent
être jetés, ainsi que les gras, par la
même raison.

Les Vers *muscadins* sont ceux dont
la couleur est d'abord d'un rouge vi-
neux, & se change bientôt en blanc.
Les Vers sont sujets à devenir muscadins à tout âge, même depuis leur naif-
sance; & quand ils se trouvent renfermés
dans leurs cocons, ils deviennent roides
& meurent presque dans le même moment; cependant on en trouve rarement
jusqu'au temps de la maturité : mais le
mal devient presque général dans les
chambres qui ne commencent à en être
attaquées que quand ils sont mués, &
qu'ils montent : pour lors la plus grande
partie périt avant d'avoir travaillé; &
si cette maladie ne leur survient qu'a-
près avoir commencé leurs cocons, ou
qu'après les avoir achevés; dans le premier cas, le cocon est presque inutile,
& dans le second, il ne rend que très-
peu. Les vents, le tonnerre, & les autres
météores ou mouvemens de cette nature occasionnent souvent des dom-
mages aux Vers lorsqu'ils sont montés,
parce que les bruits violens peuvent

les faire tomber ; on fera pour lors très-
bien , lorsqu'ils se feront entendre &
qu'ils agiteront l'air, de fermer les portes
& les fenêtres de la chambre où les Vers
se trouvent ; il faut aussi marcher très-
doucement dans les endroits où on les
aura mis, sur-tout si les planchers sont
pleins , de peur d'ébranler les Vers déjà
montés , & de les faire tomber. Toutes
les fumées & odeurs désagréables , même
le tabac, le musc, le gingembre, les
épices, l'ail & les autres choses de cette
espece, sont très nuisibles aux Vers à
soie : c'est même une erreur de croire
que les parfums les raniment ; & si on
les voit s'agiter dans le temps qu'on
parfume leur chambre, c'est qu'ils tâ-
chent de fuir pour en éviter l'odeur. La
fumée du bois, & principalement la vapeur du charbon, ne leur sont pas moins
contraires ; c'est aussi pourquoi, lorsqu'on est obligé de faire échauffer leurs
chambres, il faut tâcher de le faire de
façon qu'il ne s'y répande pas de fumée.

Il faut aussi, quand on nettoie les
Vers à soie, sortir sur le champ l'ordure
qu'on ôte de dessus leurs tablettes, car
cette odeur pourroit occasionner une
fermentation qui est toujours suivie
d'une mauvaise odeur , & qui seroit

même capable de trop l'echauffer, sur-tout pendant l'été.

Il faut interdire l'entrée de tout autre insecte dans les chambres où sont placés les Vers à soie, & en éloigner sur-tout les poules & les souris, qui les mangeroient fort bien. Une goutte d'huile, à ce qu'on prétend, répandue sur un Ver à soie est capable d'infecter tous les autres; quand il s'en trouve quelques-uns qui en sont tachés, il faut les jeter au plus vîte, de peur que la contagion ne se communique aux autres. Neuf ou dix jours après leur derniere mue, les Vers sont prêts à former leurs cocons. Quand vous vous appercevrez qu'ils commencent à jaunir, qu'ils cessent de manger, que leur museau s'alonge, & qu'ils deviennent transparens & de la couleur de la soie neuve, c'est une marque qu'ils sont prêts à monter; ils marchent alors plus vîte qu'à l'ordinaire; ils s'arrêtent de temps en temps, & on les voit presqe toujours contourner la tête & une partie du corps, comme s'ils cherchoient à s'appuyer. On les fait porter pour lors dans des cabanes: il ne faut pas les quitter dans ce temps; il faut même veiller pour examiner quand ils sont dans l'état propre à y être placés;

car pour peu qu'on tarde à les y mettre,
ils se racourciroient ; & si on les y mettoit trop tôt, ils n'y auroient pas assez
de nourriture. On emploie communément, pour faire ces cabanes, des branches de bruyere, du genêt, du bois,
ou de tel autre arbuste que ce soit,
pourvu qu'il se trouve sans épines, &
que l'écorce en soit rude ; car si elle étoit
unie, les Vers à soie y monteroient
bien difficilement.

Quand on veut préparer les branches
ou rameaux comme il les faut pour les
cabanes, on ôte de la tige, sur la lon-
geur d'environ un demi-pied, tous les
brins qu'il pourroit y avoir, & qui
empêcheroient les Vers de monter facilement, & on ne laisse que le bouquet,
qu'on coupe carrément. Comme les
rameaux doivent se plier du haut en bas
sur les rayons, il faut que les rameaux,
depuis le pied jusqu'au sommet, soient
plus longs que les étages ou rayons
ne sont distans les uns des autres : ces
rameaux étant bien secs & bien dénués
de leurs feuilles, on les range par files
sur des rayons : ces files se placent pour
l'ordinaire à travers les étages ; on les
éloigne l'une de l'autre d'environ 9 à 10
pouces, & de 4 à 5 pouces des bords ; on

fait

fait tenir en les appuyant par le pied,
à la distance environ d'un pouce les uns
des autres, sur l'étage qu'on garnit, &
en frottant le bouquet contre l'étage
supérieur ; mais il faut auparavant en
écarter les branches, & les entrelasser
avec celles d'une file à l'autre, pour
qu'elles tiennent fermes : en entrelaçant
ces petites branches, elles ne doivent
pas cependant être si serrées entre elles,
qu'il ne s'y trouve par-tout une petite
distance, où les Vers à soie puissent commodément placer leurs ouvrages &
faire leurs cocons : on dresse pour l'ordinaire ces cabanes sur les rayons ou
étages qu'on aura nettoyés de leurs
anciennes couches, en commençant toujours de garnir de rameaux les étages
les plus élevés ; sans cette précaution,
il tomberoit toujours de la vieille couche
& de l'ordure par les joints des planches sur les cabanes inférieures. On met
dans le bas des cabanes du chiendent
bien sec, ou d'autres petites branches,
& cela d'espace en espace, pour recevoir les Vers qui ne peuvent grimper
sur les rameaux. On ôte ces cabanes
dix ou douze jours après que les Vers
ont commencé à y former leurs cocons :
les cocons formés, il ne s'agit plus que

L

de recueillir la graine des Vers à soie,
pour la propagation de l'espece de l'année suivant.

On a observé de tout temps que les
cocons qui sont formés d'une soie plus
unie, plus serrée, & plus approchant
de la couleur d'une tuile, sont les plus
propres pour en tirer la graine: il faut
toujours, pour la récolte, autant de
cocons mâles que de femelles; on distingue les mâles d'avec les femelles, en
ce qu'ils se terminent en pointe par les
deux bouts, & qu'ils sont plus gros par
le milieu, tandis que les cocons des femelles sont ronds par les deux bouts,
& étranglés par le milieu. Une livre de
cocons bien choisis fournit pour l'ordinaire une once de graine. Les cocons
destinés pour la graine étant choisis,
il faut les dépouiller d'une enveloppe
cotoneuse, ou espece de duvet qui les
couvre; les papillons, par ce moyen,
en sortent plus facilement : on perce
ensuite les cocons avec une aiguille,
pour les enfiler à un fil de soie, & on
suspend les cocons ainsi enfilés, pour en
attendre la sortie des papillons; il faut
sur-tout se donner bien de garde de
placer cette aiguille ailleurs que dans
la superficie du cocon, tant pour ne

se pas percer le Ver , que pour ne pas introduire l'air dans les cocons. Les papillons en étant fortis , on les prend avec
les doigts par les aîles ou par le corps,
fans trop les preffer ; on les porte dans
une corbeille fur un morceau de drap
noir ou de quelque autre étoffe de laine
et de la même couleur. Dès qu'ils y font,
les mâles ne manquent pas à l'inftant
de s'accoupler avec les femelles; on les
tranfporte alors tout accouplés fur un
autre morceau de drap ou d'étoffe
noire, ou fur du linge , & on les y laiffe
enfemble pendant quatre ou cinq heures ; enfuite on détache les mâles que
l'on jette par les fenêtres; mais il faut
y avoir la précaution de ne lever les papillons de deffus les cocons, & de ne
les mettre enfemble que le matin, afin
d'en pouvoir fuivre les opérations, &
de ne les laiffer accouplés que le temps
néceffaire : les femelles étant féparées
des mâles, on place les premieres fur des
morceaux de drap ou d'autre étoffe de
laine noire, que l'on aura auparavant
fufpendus à la muraille ; elles y attachent
leurs œufs, enfuite elles tombent & meurent. Quand tous les œufs font faits ,
on les laiffe quelques jours à l'air pour
les faire fécher ; on plie enfuite les mor-

L ij

ceaux d'étoffe auxquels ils font attachés; & on les met dans quelque ar-
moire, ou en un endroit fermé, jufqu'au printemps fuivant, qu'on les
détache légerement avec un couteau.
Pour conferver cette graine, il faut la
garantir d'une trop grande humidité qui
la pourriroit, d'une gelée qui tueroit le
germe, & enfin d'une trop grande chaleur qui pourroit la faire éclore avant le
temps. Quant aux cocons qu'on ne deftine
pas pour la graine, il faut y étouffer
le Ver avant qu'il fe change en papillon;
car s'il venoit à percer le cocon, on
ne pourroit plus en tirer la foie. Pour
faire mourir les Vers, on commence à
en renfermer tous les cocons dans de
grandes corbeilles ou paniers couverts
de papier arrêté avec une ficelle : on
met les corbeilles ou paniers dans un
four, immédiatement après que le pain
en a été tiré; on les y laiffe une heure
ou deux, jufqu'à ce qu'on n'entende plus
le bruit que ces infectes font en remuant
dans leurs cocons. Lorfque les paniers
ont été retirés du four, on les enveloppe
dans de groffes couvertures, pour achever d'étouffer les Vers que la chaleur du
four n'auroit pas encore fait périr.

Pour faire connoître fi la chaleur du

four où on les place n'est pas trop forte, on met le bras dedans; si la main n'en peut pas soutenir la chaleur un instant, on attendra que le four soit moins chaud.

Comme il est souvent à craindre que le four soit ou trop chaud, ou qu'il ne le soit point assez, quelques personnes se servent d'un autre moyen; ils exposent, pendant quatre ou cinq jours de suite, les cocons à la plus grande ardeur du soleil, en les y laissant chaque jour pendant quatre ou cinq heures : les Vers, à ce qu'on prétend, y périssent immanquablement ; & pour une plus grande sûreté, après avoir retiré les cocons sur les trois heures après midi, on les enveloppe dans des couvertures bien chaudes, & on les porte tout de suite dans un lieu froid : la chaleur, concentrée dans les couvertures, étouffe plutôt les Vers, elle les desseche entierement, & ils ne conservent plus aucune humidité. Si cependant il survenoit un temps de pluie pendant la saison des cocons, il faudroit recourir au four; mais pour lors il ne faut laisser dans le four aucune braise ni aucune cendre trop chaude, & avoir en outre attention d'ôter des cocons tout le duvet ou fleuret qui les enveloppe ; ce

L iij

qui se fait en tournant autour des cocons
avec le pouce , & sans y employer les
ongles. Sans cette précaution , le feu
pourroit prendre aisément au duvet dans
le four ; d'ailleurs le duvet n'est propre
qu'à être filé au rouet ou à la quenouille.

Après avoir parlé du gouvernement
des Vers à soie, il est à propos de dire
un mot de la matiere qu'ils filent. La
soie a été en usage en Europe pendant
plusieurs siecles, sans que l'on se soit
même avisé de s'appliquer à connoître
de quelle nature elle pouvoit être ; on
l'a d'abord prise pour la production
d'un arbre ; d'autres l'ont regardée
comme une espece de coton plus fin
que l'ordinaire : quelques-uns l'ont
même confondue avec le *byssus*, cette
espece de lin si renommé dans l'Anti-
quité. Ces différens sentimens ont sub-
sisté pendant long-temps, & ils seroient
encore actuellement les mêmes, si les
voyageurs ne nous avoient pas appris
que la soie étoit l'ouvrage d'une chenille qui provient des Indes, & qui se
nourrit sur le mûrier blanc, arbre aussi
commun en ce pays que le buisson en
France.

Dans l'Inde & la Perse, les chenilles
forment naturellement leurs cocons sur

cet arbre ; elles y font fauvages : les Perfans nous ont appris à les rendre domeftiques, & la foie en eft fupérieure en qualité. Ces peuples vendoient anciennement bien cher les productions des Vers à foie aux Romains ; ils en fournirent auffi pendant très-long-temps à l'Orient, fans que tant de Nations aient pu découvrir fon origine. Ce ne fut que dans le temps de la guerre que l'Empereur Juftinien eut avec ces peuples, qu'on fut que c'étoient des infectes qui travailloient à la foie. Cet Empereur chercha à l'inftant tous les moyens poffibles pour introduire dans fes Etats ces petits animaux fi précieux. Deux Moines ayant appris fes volontés, s'offrirent d'en aller chercher des œufs aux Indes ; & à leur retour, quatorze mois après, ils en rapporterent, & ils apprirent en même temps aux Romains la façon de les faire éclore & de filer les cocons ; c'eft ainfi que les Vers à foie font parvenus aux Romains, & de là chez nous.

Quand ils ont formé leurs cocons, il s'agit d'en tirer la foie : les cocons font couverts d'une efpece de bourre ou duvet cotonneux ; fous cette bourre eft une petite quantité de foie imparfaite ;

vient enfuite la vraie & belle foie, qui
forme un fil continu; en forte que dès
qu'on en a faifi un bout, tout ce qu'il
y a de fil fur un cocon fe dévide comme
du fil à coudre qui feroit fur un peloton; mais quand le cocon eft percé en
tout ou en partie, cette foie y refte
par petits bouts, il n'eft plus poffible
pour lors de la dévider; on eft abfolument obligé de la retirer en bourre,
& de la carder lorfque ces fubftances
font altérées : il s'en préfente une autre
qui eft comme une efpece de parchemin
formé par de la foie dont les brins fe
trouvent collés les uns aux autres par
une gomme fortie de l'animal. On emporte cette gomme, & on en retire les
brins de foie, qui font pour lors comme
une efpece de bourre que l'on eft obligé
de carder & de filer.

Pour dévider la foie, on enleve d'a-
bord la bourre & la filofelle, ainfi
qu'une partie de la foie imparfaite :
cela fait, une perfonne, qu'on nomme
la Tireufe, remplit d'eau claire &
bien nette un baffin placé fur un fourneau, & a grand foin d'y entretenir un
feu convenable, en forte que l'eau s'y
trouve toujours également chaude. Le
degré pour les cocons fins, eft l'eau

presque bouillante : il faut qu'elle soit un peu moins chaude pour les demi-fins, & encore moins pour les satinés. L'eau étant au degré convenable pour la qualité des cocons, la Tireuse y en jette deux ou trois poignées, & avec un balai de bruyere bien fine, dont toutes les extrémités sont coupées, elle les enfonce légerement & à plusieurs reprises : cette opération s'appelle *faire la battue*. Les cocons étant bien dé-trempés, les brins de soie s'attachent aux pointes du balai : la Tireuse prend alors les brins avec la main, elle les enleve jusqu'à ce qu'ils viennent bien nets & sans aucun bouillon, & elle coupe tout ce qui n'est pas absolument net ; cette seconde opération s'appelle *purger la soie*. Ces brins étant une fois purgés, la Tireuse en prend quatre, cinq, six, & même jusqu'à quinze, sui-vant la grosseur de la soie que l'on veut filer, & elle les passe par le trou d'une filiere : tous les brins, au sortir des filieres, ne forment plus que deux fils de soie; il y a une seconde personne, que l'on nomme *Vireuse*, dont l'occu-pation est de faire tourner le dévidoir ou le tour sur lequel on dévide cette soie.

L v

Avant de tirer la soie, il est à propos de faire le triage des cocons, suivant leur qualité : on les divise communément en fins, en satinés, en doubles, en doubles fins, en pointus & en chiques : ces deux dernieres qualités de cocons doivent être filées ensemble ; les fins se filent de cinq à six, & sont propres pour l'organsin ; les satinés, de sept à huit ; les doubles, de dix à douze ; les doubles fins, de huit à dix ; les pointus & chiques, pareillement de huit à dix. Nous ne parlerons pas ici des propriétés de la soie, tout le monde les connoît.

CHAPITRE III.

Du Kermès de Provence.

LE Kermès de Provence eſt le plus renommé des gallinſectes : ſa figure approche aſſez de celle d'une boule dont on auroit retranché un aſſez petit ſegment. On trouve ces inſectes ſur les feuilles épineuſes & les tendres rejetons d'une très petite eſpece de chêne vert, connu en Botanique ſous le nom d'*ilex aculeata glandifera*. Cet arbriſſeau croît dans le Languedoc & la Provence. M. Garidel nous a donné un excellent Mémoire ſur le Kermès ; nous l'allons rapporter dans ce chapitre.

Pour parvenir à en donner une hiſtoire plus exacte, M. Garidel, outre ce qu'il ſavoit déjà comme originaire du pays où cet animal ſe trouve ſi communément, en fit apporter à Aix, capitale de la Provence, ſur l'arbriſſeau même où ſe nourrit cet inſecte dès qu'il a commencé à y paroître. Pour pouvoir mieux obſerver avec un microſcope tous ſes différens accroiſſe-

L vj

mens jusqu'à l'instant de sa maturité, M. Garidel mit à cet effet le Kermès dans des bouteilles de verre, quand il fut mûr, pour me servir du terme usité, & en état de faire ses grains, afin d'avoir tous les différens animaux qui en pourróient provenir. L'observateur ayant remarqué qu'après avoir séparé tous les grains que cet insecte auroit pu faire, il restoit encore dans une gousse des parties humides ; il mit tous ces grains dans des bouteilles à jour, les gousses du Kermès dans une autre, pour attendre l'événement de tous les deux, en gardant les bouteilles dans un lieu tempéré.

Le Kermès, dans sa perfection & lorsqu'on le ramasse, se présente à nos yeux comme une gousse dont la peau est assez ferme, luisante, de couleur de prune, couverte comme ce fruit d'une poussiere blanche, qu'on appelle la fleur. Cette gousse est ordinairement ronde, plus ou moins grosse qu'un pois, selon le plus ou le moins de nourriture qu'elle prend.

On distingue en Provence trois temps différens dans la production du Kermès, qu'on y désigne vulgairement sous le nom de *louvermeou* : dans le 1er. temps les habitans disent, que *l'ou vermeou groue*,

c'eſt-à-dire, qu'il couve; c'eſt lorſque
ce petit animal, même plus petit qu'un
grain de millet, dans le commencement
du mois de Mars, après avoir paſſé toute
l'année à rouler dans la campagne,
grimpe ſur cet arbriſſeau, s'attache à
ſon tronc, à ſes branches, & le plus
ſouvent à l'endroit où ſes feuilles prennent leur naiſſance; & là, devenant inſenſiblement engourdi & immobile,
il s'enfle peu à peu par la nourriture
qu'il y ſuce. Si on l'obſerve dans ce
temps avec le microſcope, il paroît d'un
très-beau rouge; il eſt renfermé dans
une eſpece de coton ou duvet qui ſe
hériſſe par petits flocons ſur ſon dos,
deſſous & autour de ſon ventre, ce qui
lui ſert de nid; ſa figure eſt convexe
comme la moitié d'une poire; il eſt rayé
de pluſieurs lignes ou trous; & aux endroits qui ne ſont pas couverts de ce
coton, on voit quantité de points brillans, couleur d'or : à la place où doit
être la tête, on n'apperçoit qu'un avan-
cement qui ſe termine en rond, & à
chaque côté de ce rond une eſpece de
corne courbée en dedans, émouſſée &
raccourcie, en ſorte que la tête, avec ſes
deux cornes, forme de chaque côté
un croiſſant. Dans le ſecond temps, qui

eſt au mois d'Avril, les gens du pays
diſent en leur langage, que *lou vermeou
eſpelis*, c'eſt à dire, qu'il commence à
éclore ; mais c'eſt improprement qu'ils
ſe ſervent de ce terme, à moins qu'ils
ne veuillent dire qu'il eſt alors tout
formé. En effet, c'eſt dans ce temps
que ce petit animal ayant toutes les
dimenſions qu'il doit avoir naturellement, ſelon la ſaiſon & la qualité
du terroir, eſt devenu rond & de la
groſſeur d'un pois, plus ou moins : ſa
peau eſt plus ferme ; & le coton, qui
n'étoit dans le premier temps que par
flocons, s'eſt étendu ſur toute la peau,
en forme de poudre ; le Kermès ne paroît plus alors que comme une gouſſe
remplie d'une liqueur rougeâtre, à peu
près ſemblable à du ſang pâle & aqueux.

Le troiſieme temps tombe vers le
milieu ou vers la fin du mois de Mai,
à moins que les brouillards ou la gelée
blanche ne l'aient tué ou fait tomber
à terre avant la maturité, pour s'ex-
primer dans le langage des habitans :
mais lorſqu'il n'y a point eu de contre-
temps, & qu'il réuſſit, on trouve dans
la partie inférieure de cette gouſſe,
& proprement ſous le ventre de cet
animal, dix-huit cents ou deux mille

grains très-petits, de figure ovale, que les gens du pays appellent *lou-fraſſet* : ces grains ſont autant de petits œufs que cet animal a dépoſés, & qui, venant à éclore par la douceur & la chaleur de la ſaiſon, donnent autant d'animaux ſemblables à celui dont ils ſont ſortis, & qui vont comme lui battre la campage, juſqu'au temps auquel la nature les ſollicite de grimper à cet arbriſſeau, & de s'y attacher à leur tronc, pour perpétuer l'eſpece : ces œufs ne ſont autre choſe qu'une membrane blanche, transparente, très-déliée, & pleine d'une liqueur rouge & pâle ; ils paroiſſent la moitié plus petits que la ſemence des pavots blancs, & avec le microſcope, on les voit de la groſſeur d'une cornouille ou petite jujube, bien ovale & bien unie, lorſqu'elle commence à paroître, & dont le rouge eſt encore pâle ; ils ſont parſemés d'une infinité de petits brillans couleur d'or.

M. Garidel a obſervé que la peau du ventre de cet animal qui eſt devenu Kermès, & qui a été lui-même réduit en gouſſe, étoit remplie d'une liqueur ſanglante avant la formation des œufs ; mais cette peau ſe retire en dedans vers le dos, & forme comme une voûte, à

mesure que les œufs augmentent, pour
leur faire place dans le vuide qui reste
entre le coton & le duvet ; en sorte que,
pour parler plus strictement, ce vuide
est un petit globe dans un plus grand ;
ils se touchent tous deux dans l'endroit
où le Kermès entier adhere à l'arbrisseau
par cette espece de coton qui lui sert
de liaison, si bien qu'il est difficile de
l'en détacher sans rompre en même
temps le coton & faire un trou par
où les œufs se répandent à terre ; & on
ne peut couper le Kermès du haut en
bas sans voir un croissant dans chacune
des parties coupées. Notre observateur
a remarqué deux sortes de Kermès ; le
premier est couleur de prune, & pond
des œufs rouges ; le second est blanchâtre, & de la même grosseur que le
précédent ; il est couvert comme lui
d'une semblable poudre ou fleur ; il paroît dans le même temps, & vient de
la même maniere ; les œufs qu'il pond
sont blancs, & les animaux qui en sortent sont comme ceux des œufs rouges :
ils sont les uns & les autres figurés
comme des cloportes : celui qui sort des
œufs rouges, est rouge ; tout son corps
forme une figure ovale, un peu plus pointue du côté de la queue que du côté de

la tête; son dos est convexe, & en voûte
assez ronde; les points qui y brillent
sont de couleur d'or; il est rayé dessus
& dessous de plusieurs lignes en travers;
il a six pieds, & sur la tête deux cornes
ou antennes mobiles, qui s'écartent de
côté,& qui sont presque aussi longues que
tout le corps: il a deux yeux noirs &
deux autres cornes fixes à la queue,
proche l'une de l'autre, & à peu
près de la même longueur que celles
de la tête: celui qui sort des œufs blancs,
est d'un blanc sale; son dos est plus ap-
plani; les points qui y brillent sont de
couleur d'argent; & l'ovale que forme
son corps est aussi large du côté de la
tête que du côté de la queue; en tout
le reste celui-ci est conforme au rouge;
il y en a peu de blancs & infiniment
plus de rouges : les gens du pays les
appellent vulgairement la *maire dou vermeou*, c'est-à dire, la mere des Kermès.
Souvent il y a dans la même année
deux récoltes de Kermès; les gousses
de la seconde sont plus petites que celles
de la premiere. La teinture qu'on tire
du Kermès de la seconde récolte n'est
pas si vive que celle qu'on tire de la
premiere : les Kermès de la seconde
production s'attachent aux feuilles, tan-

dis que ceux de la premiere s'attachent à l'écorce. Quand l'hiver est doux, & lorsqu'il ne fait point de brouillards ni de gelées blanches dans le printemps, on espere beaucoup de Kermès ; on observe que les arbrisseaux les plus vieux, qui paroissent les moins vigoureux & qui sont les moins élevés, en sont les plus chargés ; les pigeons font beaucoup de tort aux Kermès ; ils en nourrissent leurs petits, qui en meurent pour la plupart ; & les vieux en ont des cours de ventre.

Les Marchands qui viennent acheter le Kermès pour la teinture de la soie & de la laine, ont soin d'asperger les gousses & les œufs avec du vinaigre ; ils les exposent ensuite au soleil, ou à une chaleur proportionnée à celle du soleil, pour suffoquer par-là tous les animaux en état d'éclore, & par ce moyen ils évitent la diminution de leur marchandise, qui, à leur détriment, prendroit la forme des insectes dont nous venons de parler. Le Kermès de la Provence & du Languedoc, & notamment celui qu'on trouve aux environs de la mer, est le plus estimé.

Le Kermès a une vertu cordiale ; il passe pour astringent, fortifiant ; il empêche l'avortement ; il entre dans la

confection d'alkermès. On emploie cette
substance pour teindre la laine & la soie
en rouge ; on s'en sert aussi dans la
Peinture.

CHAPITRE IV.

De l'Araignée.

DANS l'*Histoire des Insectes nuisibles*,
3e. édition, nous avons considéré cet
insecte comme dangereux, quoique le
fait n'en soit pas suffisamment constaté ;
nous le considérerons ici suivant ses
usages utiles : nous avons déjà rapporté
dans l'Ouvrage ci dessus cité, pag. 93,
l'extrait du Mémoire du Président Bon
sur la soie qu'on peut tirer de sa toile ;
& en effet ce Président en a fait faire
des bas & des mitaines qui étoient d'une
couleur approchant du gris de souris :
trois onces de cette soie suffisent pour
faire une paire de bas au plus grand
homme, tandis qu'il faut sept à huit
onces de soie de Vers pour faire des
bas ordinaires.

Quand on veut élever des Araignées,
afin d'en tirer de la soie, dans les mois
d'Août & de Septembre on en choisit

de groffes à jambes courtes, qu'on met
dans des cornets de papier & dans des
pots : on couvre les pots d'un papier
percé de trous d'épingle, auffi bien que
les cornets, afin de donner de l'air à
ces infectes : on leur donne des mouches
pour nourriture ; les Araignées font
leurs coques dans ces pots ou cornets ;
treize onces de ces coques rendént pref-
qué quatre onces de foie nette.

M. de Réaumur, refléchiffant qu'il
y auroit une impoffibilité phyfique de
pouvoir fournir des mouches en auffi
grande quantité qu'il en faudroit pour
nourrir autant d'Araignées qu'en exigeroit une manufacture de cette efpece
de foieries, a fait différentes expériences
pour connoître la nourriture qu'on
pourroit fubftituer aux mouches pour
les Araignées : il a remarqué, par fes re-
cherches, que les Araignées rebutent en
général la nourriture végétale, que les
vers leur font plus convenables, qu'elles
aiment fur-tout les jeunes plumes nouvellement arrachées & encore fanglan-
tes ; il employoit en conféquence pour
leur nourriture des plumes de pigeons
jeunes ou vieux ; il les divifoit en petits morceaux d'une demi - ligne ou
d'une ligne de longueur : les jeunes

'Araignées, sur-tout celles qui ne font que sortir de leurs coques, sont fort friandes de cette nourriture ; mais ce seroit encore une grande difficulté de pouvoir ramasser de ces plumes en suffisante quantité. Le défaut de nourriture n'est pas le seul obstacle qui empêche d'en pouvoir élever ; le plus grand, c'est l'aversion qu'elles ont les unes pour les autres ; les grosses dévorent le plus souvent les petites ; c'est là précisément la cause de ce qu'il se trouve si peu d'Araignées, eu égard à leur fécondité.

Quand donc on pourroit parvenir à nourrir des Araignées dans des loges séparées, ce qui exigeroit néanmoins beaucoup de soin & de dépense ; on perdroit par-là tout l'avantage de leur fécondité, d'autant que ces insectes ne font tous leurs œufs que dans un même mois de l'année, & qu'il est par conséquent impossible de connoître le temps où ils quitteront leur fécondité naturelle pour s'accoupler. Au reste, dit M. de Réaumur, les coques d'Araignées ne rapportent pas autant d'avantages qu'on se l'est imaginé, eu égard à celles des vers à soie ; d'ailleurs leur soie n'a ni la force ni le lustre de celle des vers à

foie : celles de l'Amérique, & principalement celles de la Louisiane, dont
les œufs reffemblent, fuivant M. le
Page, à ceux des pigeons, & dont la
toile arrête les cifeaux, en fourniroient
fans doute une plus grande quantité.

Les Araignées fervent de nourriture
aux oifeaux, & à leur tour, elles détruifent les mouches, les moucherons, &
autres infectes dont elles fe nourriffent :
tel eft leur principal ufage dans l'économie générale.

On emploie en Médecine l'Araignée
& fa toile, mais uniquement à l'extérieur : on fe fert de l'Araignée pour
les fievres intermittentes, & principalement pour la fievre quarte; on en
prend une des plus groffes, on l'écrafe
& on l'applique fur le poignet; ou bien
on l'enferme vivante dans une coquille
de noix, & on attache cette coquille
au cou au commencement de l'accès :
on emploie encore pour le même ufage
fa toile; on en prend de la groffeur
d'un œuf de poule, on la mêle à une
partie égale de fuie de cheminée; on
y ajoute un peu de fel commun, & ce
qu'il faut de vinaigre, pour faire du tout
un cataplafme qu'on applique fur les
deux poignets du fébricitant; on répete

ce remede deux ou trois fois ; il y en
a même qui en font avaler de la groffeur d'un pois dans un verre de vin
blanc au commencement du friffon ; ce
qui guérit quelquefois en faifant fuer
abondamment. On rapporte dans le Dic-
tionnaire univerfel de Médecine la cure
finguliere d'une fievre intermittente par
le moyen de la toile d'Araignée prife
intérieurement. La toile d'Araignée eft
vulnéraire, aftringente, confolidante ;
elle arrête le fang, étant appliquée fur
les plaies récentes: & rien n'eft fi commun parmi le peuple que de s'en fervir
pour les coupures ; il faut en mettre à
la plaie fi tôt qu'elle eft faite, ce qui
l'empeche de tumefier : on en fait encore ufage dans la colique venteufe &
dans les pertes utérines ; on en fricaffe
pour cela de la groffeur d'un œuf avec
un peu de vinaigre, & on applique ce
cataplafme chaudement fur le nombril ;
ce qui procure la fortie des vents, &
calme la perte.

L'huile d'Araignée, dont on frotte les
deux poulx le jour de l'intermiffion,
eft fort recommandée pour guérir les
fievres intermittentes : on la fait tiédir
pour en frotter les parotides, & en appliquer fur le cou & les bras, afin d'at-

tirer au dehors le venin dans les maladies contagieuses ou malignes.

CHAPITRE V.

Des Cloportes.

VOYEZ ce que nous avons dit de
ces insectes dans notre *Histoire des Insectes nuisibles*, chap. 20 , *pag.* 203 ,
3e. *édition*; nous y avons détaillé tous
les avantages qu'on en peut tirer.

CHAPITRE VI.

Des Cousins.

VOYEZ aussi ce que nous avons dit de
cet insecte dans notre *Histoire des Insectes nuisibles* , chap. 7, *pag.* 117, 3e.
édition, où nous avons rapporté l'utilité
qu'on en peut tirer pour la Médecine:
d'ailleurs ces insectes servent encore de
nourriture aux oiseaux,

CHAPITRE

CHAPITRE VII.

Des Ecreviſſes.

L'ECREVISSE eſt un inſecte cruſ-
tacé; on en diſtingue en général de
deux eſpeces; l'Ecreviſſe de mer & celle
d'eau douce. Nous ne parlerons dans ce
chapitre que de celles d'eau douce : ce
poiſſon-inſecte eſt oblong & preſque
rond, plus ou moins gros ſuivant l'âge
& les lieux : il eſt muni d'une queue
bien apparente, un peu large; il eſt
amphibie, laid de figure, affreux dans
ſa démarche, d'une couleur verdâtre,
tirant ſur le brun livide, quand il eſt
en vie ou crud, & d'un aſſez beau
rouge, quand il eſt cuit : il n'a, proprement dit, point de ſang; il nage peu, mais
il marche volontiers en avant, de côté,
ou à reculons; il habite dans des creux,
ou dans les cavernes de la terre, le long
des bords des rivieres & des ruiſſeaux;
ſon corps eſt couvert d'une croûte peu
épaiſſe, qui lui tient lieu de peau, d'é-
cailles, & d'os. Galien prétend qu'il n'a
ni tête ni col; mais il s'eſt trompé : où

M

font les yeux, le front, & les cornes de
cet animal, là est aussi la tête. Les antennes de l'Ecrevisse sont au nombre
de deux, placées devant les yeux; elles
sont articulées dans le commencement,
longues, déliées, & vont insensiblement
en diminuant, se terminer par une pointe
très-fine; elle se fléchissent en tout sens,
de même qu'un poil ou un cheveu.
Au-dessous de ces deux grandes antennes,
il y en a quatre autres semblables pour
la forme, mais beaucoup plus menues,
& très-courtes. Du milieu du front sort
une autre petite corne un peu large,
détachée des deux côtés; le front est
pointu, & âpre comme un aiguillon;
les yeux des Ecrevisses sont situés au-
dessus des antennes; ils sont petits, d'une
substance de corne, toujours saillans
& mobiles obliquement, sans paupieres,
placés sur les côtés: sa bouche est petite, & des deux côtés se trouvent deux
appendices velues, propres à retenir sa
proie. On ne lui donne ni oreilles, ni
narines, quoique l'animal ait le sentiment de l'odorat pour chercher sa
nourriture: au lieu de mains & de bras,
l'Ecrevisse a des pieds fourchus, armés
de pointes fortes, tenailles, ou mordans
dentelés, dont elle se sert, non seule-

ment pour saisir sa proie & l'approcher de sa bouche, mais encore pour se défendre ou pour attaquer. On compte à cet insecte dix pattes qui naissent toutes du corcelet, cinq de chaque côté, flechies obliquement, dont les deux antérieures sont les plus grandes, les plus épaisses, & sont fournies, chacune à leur extrémité, d'une grande pince également dentelée ; les deux paires des jambes suivantes sont aussi fourchues, ou terminées par de petits mordans lissés, semblables à des becs d'oiseaux, dont la partie supérieure se meut vers l'inférieure, qui reste immobile : les deux dernieres paires sont simples & sans pinces, finissant en pointes aiguës.

La partie qui suit le corcelet, & qu'on appelle *la queue* ou *le col*, est unie & polie, sans ces petits piquans dont le corcelet est armé sur les côtés. Cette queue est composée de cinq tablettes, & est terminée par autant de pinnules, dont les extrémités sont velues, & qui servent à l'insecte-poisson comme de rames pour nager ; c'est là que réside toute la force du corps : sous la queue on apperçoit certains appendices un peu velues, quatre de chaque côté, avec des pinnules pareillement velues, où

pondent les femelles , qui même les
ont doublés , pour couvrir & conferver
leurs œufs, tandis que le mâle les a fimples
& petites. Le mâle porte en outre, entre
la partie fupérieure de fa queue & fes
dernieres jambes, des efpeces de grands
éperons pointus & faillans, lefquels font
plus petits & plus liffés dans les femelles.
Quant aux parties internes de l'Ecreviffe , après avoir enlevé la robe , ou
la croûte avec la mucofité rouge &
la membrane qui font couchées deffous ,
on découvre au fommet de la tête le
cerveau qui eft médiocrement rempli
d'une couleur verdâtre & comme fondue
en deux petits lobes, d'où proviennent
les nerfs optiques & la moelle alóngée ;
du fond de la bouche où fe trouvent
deux grandes dents plates & une caron-
cule qui reffemble à une langue , par
un efophage fort court , qui va droit
au ventricule : ce ventricule eft ample ,
formé d'une membrane épaiffe & forte ;
il contient dans fa cavité trois corps
durs pour broyer fes alimens, à l'aide
de deux paires de mufcles & de deux
glandes qui communiquent avec l'eftomac, & naiffent de fes parois. Cés glandes
font remplies de plufieurs vaiffeaux va-
riqueux en forme de petits inteftins,

qui, à la fin, se réuniffent en un seul
tronc. Ce font les parties auxquelles
on donne vulgairement le nom de foie,
tant dans les poiffons cruftacés que tef-
tacés; & en effet, elles font l'office du
foie & du mefentere; elles retiennent
la portion la plus petite du chyle ré-
cemment travaillé dans le ventricule,
pour l'apporter enfuite plus défaqué
dans l'humeur vitale, fi l'on en croit le
favant Villis. Le docteur Sachs, dans
fa Grammarologie, rapporte qu'il fe
trouve dans l'Ecreviffe un inteftin fimple, contigu à l'eftomac; il a fa naiffance, dit-il, à côté de ce vifcere, il
eft d'égale groffeur dans toute fon éten-
due, & va fe terminer à la queue par où
l'Ecreviffe rend des excrémens, & pond
fes œufs : conféquemment l'anus eft fitué
à l'extrémité de la queue, fous la pin-
nule : rien n'eft plus facile que de s'af-
furer de ce fait : qu'on applique délicatement un petit chalumeau à l'extrémité de l'inteftin, & qu'on y fouffle de
l'air avec force, l'animal fe trouve à
l'inftant forcé, par l'impulfion de l'air
foufflé, de vómir tout ce qu'il contient
de nourriture dans l'eftomac.

La nature a pourvu l'Ecreviffe de
parties génitales doubles; elles font en

ces animaux plus grandes que dans les autres, pour les rendre plus fécondes. L'Ecréviſſe mâle a ſes vaiſſeaux ſpermatiques, qui naiſſent des deux côtés de l'éſophage; ils deſcendent enſuite vers le bas du tronc; & lorſqu'ils ſont devenus plus compactes en forme d'épididyme, ils ſe terminent en deux parties génitales. L'Ecreviſſe femelle a pareillement deux ovaires ſitués aux deux côtés de l'éſophage & de l'eſtomac; ils vont ſe terminer en deux matrices placées au bas du tronc. On reconnoît les Ecreviſſes femelles d'avec les mâles, en ce qu'elles ont le bout de la queue plus évaſé. On remarque au-deſſous du ventricule & des autres viſceres au bas du dos, le péricarde; il renferme le cœur de cet animal, qui palpite, & dont la ſyſtole & la diaſtole ſont promptes & fortes comme dans les animaux ſanguins; ce moule eſt conique, de couleur blanchâtre; ſa cavité eſt aſſez ample, & garnie de pluſieurs fibres ou colonnes robuſtes, & de divers enfoncemens; l'aorte ſur-tout du ſommet du cœur ſe partage ſur le champ en deux branches qui vont vers les ouies. Les troncs de la veine cave, tant deſcendante qu'aſcendante, ſe réuniſſent derriere le cœur,

où ils entrent dans fon oreillette : le
cœur, quand il fe relâche, reçoit de la
veine l'humeur vitale, & le pouffe enfuite dans l'aorte, quand il fe contracte.

L'Ecreviffe a plufieurs ouies larges,
qui lui tiennent lieu de poumons ; elles
font placées & affujetties au même endroit de chaque côté fous la croûte :
leur partie inférieure, qui eft large &
mouffe, eft attachée au fternum par des
pédicules, tandis que la fupérieure eft
libre. Chaque ouie a trois finus, dont
deux font deftinés à recevoir & à rendre
l'humeur vitale ; le troifieme finus allant
de la pointe à la bafe, finit à un canal
commun à toutes les ouies du même
côté ; ce canal va s'ouvrir par une ouverture affez large près de l'infertion
de l'ouie fupérieure, qui eft dans un
mouvement perpétuel de vibration ; il
eft deftiné à recevoir & à rendre l'air
qui y abonde. Or, dans fon paffage,
l'eau qui communique avec l'humeur
vitale, fe renferme encore dans les cavités du tronc, pour entretenir la refpi-
ration de ces poiffons, quand on les
tient à fec ; c'eft la raifon pour laquelle
les Ecreviffes fubfiftent, non feulement
dans l'air ouvert pendant long-temps,
mais encore elles peuvent vivre quelque

M iv

temps dans un espace vuide d'air. En général, dans les poissons crustacés, au défaut des côtes & des muscles de la poitrine, les ouies sont tellement libres & dégagées, que les pédicules osseux attachés à la base de chaque faisceau, avec les muscles renfermés dans leurs cavités, doivent être regardés comme autant de côtes alongées ou suspendues en l'air, ou comme autant de pendules distincts, qui étant mis en mouvement au moyen de ces muscles, font faire aux ouies leurs systoles & dyastoles continuelles pour l'inspiration & l'expiration.

On remarque dans les Ecrevisses une singularité qu'on n'observe pas dans les autres animaux; c'est que quand elles ont perdu leurs jambes, soit qu'on les ait coupées ou autrement, il s'en reproduit de nouvelles, mais plus petites: ces jambes ne recroissent cependant que lorsqu'elles n'ont été rompues que jusqu'à la troisieme & derniere articulation. La mue de ces animaux n'est pas moins digne de l'attention d'un Naturaliste, que la reproduction de leurs jambes. Ils se dépouillent annuellement, non seulement de leurs écailles, mais encore de toutes les parties cartilagineufes & offeufes ; ils fortent de leur écaille, & la laiffent entierement vuide ; ils entrent dans cette mue depuis le mois de Mai jufqu'à celui de Septembre : quelque moment avant ce temps, ils frottent leurs jambes les unes contre les autres, ils fe renverfent fur le dos, ils replient & étendent leurs queues à différentes fois, agitent leurs cornes, & font encore d'autres mouvemens pour fe détacher de l'écaille qu'ils vont quitter. Pour en fortir, ils gonflent leur corps ; il fe fait pour lors entre la premiere des tables de la queue, & la grande écaille du corps, une ouverture qui met le corps de ces animaux à découvert : ce corps eft pour lors d'un brun foncé, tandis que la vieille écaille eft d'un brun verdâtre. Cette rupture faite, les Ecrevifles reftent pendant quelque temps en repos, après quoi elles font différens mouvemens, & gonflent les parties qui font fous la grande écaille ; la partie poftérieure eft bien foulevée, mais l'extérieure eft attachée à l'endroit de là bouche : dans un quart-d'heure l'Ecrevifle fe trouve pour lors entierement dépouillée ; elle tire fa tête en arriere, après quoi elle dégage fes yeux, fes cornes, fes bras, & fucceffivement toutes

M v

ſes jambes : les deux premieres ſont plus
difficiles à dégaîner, leur extrémité
étant plus groſſe ; enfin cet animal ſe
retire de deſſous la grande écaille, &
à l'inſtant il ſe donne bruſquement un
mouvement en avant, il étend ſa queue,
& la dépouille de ſes écailles.

Une quantité d'Ecreviſſes périt dans
cette opération ; quand elles peuvent y
réſiſter, elles reſtent foibles pendant quelques jours : la mue finie, leurs jambes
ſont molles ; la membrane qui recouvre
alors l'animal, devient, en l'eſpace de
vingt-quatre heures, une nouvelle écaille
auſſi dure que l'ancienne.

Aux approches de la mue, on trouve
dans le corps de l'Ecreviſſe, immédiatement au-deſſous de ſa tête, vers l'eſtomac, deux pierres applaties, orbi-
culaires, groſſes comme des pois, ar-
rondies & polies ſur une de leurs faces,
& un peu creuſées ſur l'autre, dont le
fond eſt vuide : on a donné improprement à ces pierres le nom d'yeux ; ces
pierres ſont tendres, fragiles, d'un blanc
ſale en dehors, fort blanches en dedans,
ſans aucune odeur ni aucun goût apparent ; elles ſont placées chacune d'un
côté obliquement, ſans être oppoſées.
Les Naturaliſtes ont les ſentimens par-

tagés fur ces pierres ; les uns prétendent que les Ecreviſſes s'en défont deux fois l'année ; d'autres ſoutiennent qu'ils diminuent à meſure que la nouvelle écaille ſe fortifie, en ſorte qu'on n'en trouve plus dans l'Ecreviſſe, lorſqu'elle eſt entiérement formée ; c'eſt pour cette raiſon qu'ils ont penſé qu'elles étoient ſans contredit l'amas ou la réſerve de la ſubſtance que les Ecreviſſes emploient pour réparer la perte de leur écaille.

Les yeux d'Ecreviſſes que nous achetons chez les Droguiſtes, viennent la plupart des Indes occidentales ; on en trouve ſouvent en ſi graude abondance aux bords des rivieres, qu'on les ramaſſe par poignées. On s'en ſert en médecine ; ils ſont abſorbans, aſtringens, deſſicatifs, propres pour adoucir les humeurs acres ou acides ; ils ſont très-bien indiqués dans les cours de ventre, les hémorroïdes, les vomiſſemens ; ils ſont diurétiques, & purifient la maſſe du ſang ; on les preſcrit depuis la doſe de douze grains juſqu'à deux ſcrupules ; on en forme des tablettes avec le ſucre ; la doſe de ces tablettes eſt depuis un gros juſqu'à deux : les yeux d'Ecreviſſes peuvent très-bien remplacer les perles & le corail ; l'eſprit de vinaigre les diſ-

M vj

sout promptement, & l'esprit d'urine n'a aucune action sur eux.

Les Ecrevisses sont fort recherchées; quand on veut les avoir bonnes, il faut qu'elles soient charnues, tendres, & bien nourries; leur chair contient un suc huileux & balsamique, propre à nourrir, humecter & adoucir les acretés de la poitrine: mais elle est d'une nature aqueuse & d'une digestion difficile: par conséquent, elle ne convient pas aux vieillards, dont l'estomac est foible & paresseux; mais les jeunes gens & les personnes d'un tempérament chaud en peuvent user, pourvu néanmoins que ce soit modérément: on en fait des soupes & d'autres mets qui tiennent, pour leur bonté, le premier rang parmi les alimens. Les Cuisiniers délayent dans leurs sauces le corps des Ecrevisses pilées pour donner un bon goût. Quand on cuit les Ecrevisses, elles deviennent rouges, on les rougit encore quelquefois lorsqu'elles sont vivantes: on les met pour cet effet dans un pot & on les saupoudre de sel ammoniac, après quoi on les mêle bien ensemble, ou bien on les frotte d'eau-de-vie; si on les met ensuite sur un plat avec des Ecrevisses cuites, on n'y observe d'autre différence, sinon qu'elles marchent.

On emploie ces insectes très-utilement en médecine ; elles sont bonnes pour la phthysie, pour l'asthme, on les croit très-bonnes pour réparer les forces abatues, pour exciter l'urine, pour chasser les sables & les graviers, enfin pour purifier le sang ; on les prescrit aussi en bouillons.

Pour faire ces bouillons, on prend des Ecrevisses vivantes ; on les fait étouffer dans l'eau, après quoi on les pile, & on les fait cuire avec du bouillon de viande ou de volaille, jusqu'à ce qu'elles soient rouges ; on coule le bouillon par un linge ou par un tamis ; on y ajoute un peu de beurre, de sel, & de muscade, suivant l'exigence des cas : le malade peut continuer pendant quinze jours l'usage de ces bouillons ; on en augmentera à volonté la vertu médicinale, en y ajoutant des plantes appropriées au genre de maladie. Ces bouillons ne sont pas seulement restaurans & propres dans les maladies susdites ; mais ils sont encore très-bien indiqués contre les dartres & les autres vices de la peau, qui reconnoissent pour cause une lymphe grossiere & acrimonieuse; ils sont encore utiles dans les dyssenteries : lorsque les gros intestins se trouvent offensés & qu'on est menacé de la gangrenne, on accompagne pour lors les bouillons de lavemens composés avec la décoction du suc de ces mêmes Ecrevisses ; quand on est affecté d'un vomissement habituel, on recommande pendant plusieurs jours de suite, quatre ou cinq fois par jour entre les repas, des Ecrevisses pilées & bouillies dans ce suc. Eltmuller prescrit la poudre suivante contre les ulceres des reins & de la vessie, pour résoudre les grumeaux de sang qui s'amassent quelquefois dans les cavités.

Prenez telle quantité qu'il vous plaira d'Ecrevisses ; mettez-les dans un vaisseau de terre non vernissé, à l'entrée du four, pour qu'elles se sechent sans se brûler ; pilez-les ensuite dans un mortier de pierre : la dose sera depuis un demi-gros jusqu'à deux scrupules dans une eau appropriée. On donne cette poudre comme un excellent spécifique contre la morsure des chiens enragés ; on en prend deux parties auxquelles on ajoute une partie de myrrhe & autant de racines de gentiane pulvérisée. On continue pendant quarante jours l'ufage de ce remede, depuis la dofe d'un demi-gros jufqu'à un gros.

Les Ecreviffes s'emploient encore à l'extérieur ; on les pile, on les applique en cataplafme, & on fait des fomentations avec leur fuc tiré par expreffion : ces topiques font très-bien indiqués dans les fievres ardentes, accompagnées de douleur de tête, avec menace de délire & de phrénéfie. Rolandus vante beaucoup un frontal fait avec des Ecreviffes vivantes pilées au nombre de vingt dans cinq onces de vinaigre, & on y ajoutera un peu de camphre, ou d'opium, ou de femences de pavot.

Un des meilleurs remedes dans la douleur & la chaleur des reins, dans la néphrétique & le calcul, font des Ecreviffes pilées & appliquées en cataplafme fur la partie douloureufe. Etmuller donne comme un excellent gargarifme dans la fquinancie, le fuc des Ecreviffes mélé avec celui de joubarbe : ce mélange eft auffi une excellente fomentation dans la brûlure & contre les rougeurs du vifage. On fait auffi entrer les Ecreviffes dans les décoctions vulnéraires. Poterius fait un grand éloge de celle-ci. On prend vingt Ecreviffes de

riviere, une demi - once d'ariſtoloche
ronde, autant de racines de grande
conſoude, des feuilles de bugle, de
pied de lion, de ſanicle, d'aigremoine
& de bétoine, de chacun une poignée;
on fait bouillir le tout dans une ſuffiſante quantité d'eau & de vin; on applique extérieurement cette décoction
ſur les plaies avec de la charpie & des
compreſſe qu'on y trempe, & on en
donne auſſi intérieurement au malade
deux fois le jour, ſix onces chaque fois,
quatre heures avant le repas: on y ajoute
une once de ſirop de capillaire ou de li-
mon. Cette decoction eſt très - efficace
dans les plaies déſeſpérées, & même accompagnées de fractures d'os & de rupture de nerfs & de tendons.

CHAPITRE VIII.

Dès Fourmis.

DANS notre *Histoire des Insectes nuisibles*, pag. 86, chap. IV, édit. 3, en parlant de leurs qualités nuisibles, nous avons en même temps parlé de leurs propriétés utiles ; il est inutile d'en parler de nouveau ici. Une propriété singuliere, dont nous n'avons pas pour lors fait mention, & dont sont doués ces insectes, c'est de ronger les fleurs de chicorée & de bourrache, & de convertir le plomb en sucre de saturne ; ce qui prouve très-bien que le suc des Fourmis est acide. On rapporte que dans le Royaume de Congo les Fourmis y sont si grosses & en si grand nombre, qu'elles mangent quelquefois une vache dans une seule nuit.

CHAPITRE IX.

Des Mouches Cantharides.

IL y en a de plufieurs efpeces ; mais nous ne parlerons ici que de celle qui eft ufitée en pharmacie : celle-ci fe trouve particulierement fur les frênes , où elle s'accouple vers le mois de Juin : elle varie beaucoup en grandeur ; tout fon corps eft d'un beau vert doré , à l'exception de fes antennes qui font noires par tout ailleurs que fur leur premier anneau. Ces antennes font menues , placées au devant des yeux , un peu fur le deffus de la tête. Les mâchoires font faillantes & couvertes d'une petite lame , comme dans les fcarabées. Le corcelet , ferme & folide , eft fort étranglé proche leur tête ; il fe dilate enfuite , & forme de chaque côté une pointe mouffe : vu à la loupe , il paroît un peu pointillé , de même que la tête ; il y a quelques poils au - deffous de la poitrine : au corcelet tiennent deux écailles luifantes , d'un beau vert , un peu molles , flexibles , comme chagrinées , à caufe des petits fillons irréguliers qui se joignent & se confondent : on distingue sur chaque écaille deux raies longitudinales, assez apparentes ; les écailles servent de fourreaux ou étuis aux aîles ; les aîles sont bonnes, fortes, & nerveuses. Quand les Cantharides se trouvent en quelques endroits en grand nombre, elles répandent au loin une odeur désagréable : les Naturalistes n'ont pu encore découvrir leur métamorphose. On se sert des Mouches cantharides en médecine en forme de vesicatoire ; & en effet elles ont, dans un degré éminent, la propriété d'occasionner des vésicules, & de ronger les endroits de la peau où elles séjournent ; on les applique, pour détourner les fluxions en évacuant les sérosités, derriere les oreilles, à la nuque, entre les épaules & ailleurs, sous une forme emplatrique. Ce remede soulage souvent les douleurs de rhumatisme & de sciatique, les fluxions des gencives, du nez, des yeux, l'apoplexie, & même la paralysie ; mais quelquefois il en résulte une grande effervescence dans le sang ; c'est pourquoi il faut être prudent pour l'administration. Ce remede fait aussi des merveilles dans les fievres intermittentes, dans les fievres malignes,

& même dans la petite vérole confluente.
Quand on prend intérieurement les Mouches Cantharides, elles font diurétiques;
mais il eft pour lors à craindre qu'elles
n'agiffent fi vivement fur les organes
deftinés à l'urine, qu'elles n'occafionnent
une chaleur prodigieufe dans la veffie,
dont l'irritation peut faire rendre par
les conduits de l'urine jufqu'au fang;
il n'en faut même que deux ou trois
grains pour produire cet effet. Nous
n'avons pas de meilleur remede pour
obvier aux accidens qui peuvent provenir de l'ufage interne ou extérieur des
Cantharides, que le lait.

Il y a une méthode pour les préparer
dans les boutiques; elle eft très-fimple:
on les fait mourir à la vapeur du vinaigre chaud, enfuite fécher au foleil.
On préfére celles qui font entieres, nouvelles, & bien feches; elles peuvent fe
conferver en bon état pendant deux ans:
quand elles font vieilles, elles fe réduifent en poudre.

CHAPITRE X.

De la Langouste & du Homard.

C'EST un crustacé qui est très commun dans la Méditerranée ; il vit parmi les rochers ; & pendant l'hiver on le pêche à l'embouchure des rivieres : il fait partie de la famille des écrevisses de mer ; il n'a point de sang, sa croûte est molle, ses deux cornes sont longues & garnies d'aiguillons devant les yeux, avec deux autres cornes au-dessus plus déliées & plus courbes, son dos est rond & plein d'aiguillons, sa queue est semblable à celle de l'écrevisse, & elle se dépouille de sa croûte, de même que le font tous les animaux de son genre. La Langouste differe cependant de l'écrevisse, en ce qu'elle a deux pieds de chaque côté, sans pince platte, ou qu'elle a au plus une pince à crochet ; elle a cinq nageoires à la queue, & le reste est couvert de tablettes minces : ces crustacées se battent entre elles avec leurs cornes, & se nourrissent de petits poissons qu'elles trouvent autour d'elles.

Le Homard est une autre espece d'é-
crevisse de mer, qui a beaucoup d'af-
finité avec la Langouste. On en distingue de deux sortes, le gros & le petit :
le gros est fort commun dans nos mers
& sur nos côtes ; sa cuirasse crustacée
est semée de taches bleues plus ou
moins grandes, sur un fond rougeâtre,
qui couvre le tissu blanc ; & quand cet
animal est cuit, sa cuirasse devient rouge ;
devant ses yeux se trouvent deux cornes
longues & plus menues que celles de la
Langouste, & deux autres plus petites ;
il sort aussi du milieu de son front une
autre petite corne plate, large, & découpée en soie des deux côtés. Ce crustacé a dix pieds, en y comprenant ses
deux bras faits en tenaille, dont il se sert
comme d'une main ; ses bras sont sans
jointure absolue, & ne sont point velus ;
mais il s'en trouve deux autres plus
petits qui le sont ; les bouts sont faits
en forme de becs d'oiseaux : la partie
de dessus est mobile & serrée comme
celle de dessous, qui est immobile ; ses
serres sont dentées en dedans : un de ses
deux bras est toujours plus gros que
l'autre ; il n'y a que le premier de ses
pieds de chaque côté, le plus près des
grands bras, qui se trouve fendu par

le bout : sa queue est couverte de cinq
anneaux crustacés ; le bout en est large,
& comme garni d'aîles pour nager : ses
yeux sont courts, petits, bien différens
en cela de ceux de la Langouste ; mais
sa bouche est également fendue en long ;
ses dents, sa langue, son estomac, le
conduit par où descend la nourriture,
& les autres parties intérieures de son
corps se trouvent les mêmes dans l'un
& l'autre de ces crustacés. On se sert
dans les ports de mer de la Langouste
& des Homards en guise d'alimens,
sur-tout parmi le menu peuple.

CHAPITRE XI.

Des Tiques.

C'EST un genre d'insectes assez nombreux, dont le caractere est d'avoir
huit pattes, la tête très-petite, deux
yeux, les antennes simples & plus courtes que la trompe pointue, qui forme
la bouche de ce petit animal, & le corcelet confondu avec le véntre. On prétend que cet insecte, réduit en cendres
par le feu & répandu sur la tête, a la

propriété de faire tomber les cheveux,
il guérit auffi, à ce qu'on prétend, l'é-
réfipele & la galle.

CHAPITRE XII.

Des Grillois.

N O U S avons rappporté la defcription
de ces infectes dans notre *Hiftoire des
Infectes nuifibles*, *chap. 31*, *pag. 301*,
édit. 3ᵉ.; nous nous contenterons de rapporter ici fes vertus médicinales. Ces
infectes fourniffent un remede propre
à fortifier les vues foibles ; on en exprime la fubftance liquide, qu'on fait
dégoutter dans les yeux ; ils adouciffent
auffi les glandes, quand on en fait ufage
pour les frotter : ils paffent encore en
medécine pour apéritifs & diurétiques ;
ils tiennent pour leurs propriétés un peu
des mouches cantharides, mais dans un
degré fort adouci : on les fait pour l'o-
dinaire fécher au feu dans un vaiffeau
couvert, & on les réduit en poudre ;
leur dofe eft depuis douze grains jufqu'à un fcrupule, dans quelque liqueur
appropriée. Le docteur Hengendorn
rapporte

rapporte dans les Ephémerides d'Allemagne, avoir donné plusieurs fois avec succès, dans les embarras des reins & de la vessie, un ou deux grillots, après en avoir ôté la tête, les aîles, & les pieds; il les faisoit mourir dans un verre d'eau distillée de persil ou de saxifrage, jusqu'à ce que la liqueur eût acquis une couleur laiteuse; il passoit ensuite le tout avec expression, & en faisoit prendre la colature au malade pendant quelques jours; ce qui lui faisoit rendre une quantité prodigieuse d'urine. Le Docteur Samuel Ledelius assure encore dans ses Ephémerides d'Allemagne, avoir connu un paysan qui ne se servoit d'autre remede, dans les fievres tierces, que d'avaler uniquement un grillot dans un verre de biere. Rien n'est si commun, dans les Indes orientales, que de voir les naturels du pays porter au marché des corbeilles pleines de grillots, pour les donner en échange aux Espagnols contre d'autres marchandises.

CHAPITRE XIII.

Des Hannetons.

DANS l'Histoire des Insectes nuisibles, chap. XVII, pag. 167, édit. 3ᵉ, nous avons parlé des propriétés des Hannetons; il est inutile d'y revenir ici : voyez ce chapitre.

CHAPITRE XIV.

Des Scorpions.

OUTRE la vertu qu'a le Scorpion de fournir un remede à sa piqûre, pris intérieurement ; voyez *Histoire des Insectes nuisibles*, chap. 23, *pag.* 247, on l'applique encore à l'extérieur : quelques Auteurs prétendent qu'en l'écrasant & l'appliquant sur le poignet, il convient dans les fievres malignes pestilentielles ; on fait usage de l'huile simple en liniment sur la région des reins & de la vessie, pour chasser les glaires & les graviers, & pour remédier à la suppression d'urine. Cette huile est encore excellente dans les douleurs d'oreilles ; on en mêle un gros avec un demi-gros d'huile d'amandes douces ; & on en distille quelques gouttes chaudes dans l'oreille du malade.

Quand on fait usage de l'huile composée de matthiole dans les fievres malignes, la peste, & contre les vers, on en applique sur la région de l'estomac & du cœur, aux poignets, aux tempes, aux narines, & aux pieds, en réitérant l'onction de trois heures en trois heures. On en fait encore usage pour malaxer les emplâtres & les onguens pour les bubons pestilentiels & les morsures des bêtes venimeuses.

CHAPITRE XV.

Des Sangsues.

Nous avons décrit les sangsues dans notre Histoire des Insectes nuisibles; voy. chap. 34, p. 318, 3ᵉ. édit. On s'en sert en médecine pour détourner la trop

grande quantité de fang qui s'accumule
fur une partie ou dans fon voifinage,
& par-là en détourner la fluxion, ou
l'empêcher de fe former. On les applique avec fuccès aux hémorroïdes gon-
flées & douloureufes, pour les dégorger d'un fang épaiffi qui furcharge les
vaiffeaux ; on les applique auffi au
front dans les migraines invétérées ;
aux gencives, dans les fluxions vio-
lentes, fur les dents, & même à l'ori-
fice interne de la matrice, pour y rétablir le cours des regles, ou fupprimé
ou pareffeux : l'ufage de ces infectes
exige cependant quelques précautions.
On fait ufage, en Angleterre, des fang-
fues contre la goutte ; on les applique
fur la partie affectée, & ce remede a
très-bien réuffi ; on affure encore que
rien n'eft meilleur dans les fluxions fur
les dents, que leur application fur les
gencives,

CHAPITRE XVI.

Des Cerfs-volans & Fouille-merdes.

LE Cerf-volant & le Fouille-merde
font deux fcarabées dont on fait ufage
en médecine : le premier paffe pour
diurétique ; il convient dans l'hydro-
pifie, le rhumatifme, la goutte, & la
néphrétique ; cependant il peut caufer
quelque irritation aux conduits uri-
naires ; mais il faut avoir pour lors recours aux émulfions : quand on en pref-
crit dans les maladies fufdites, c'eft pour
l'ordinaire en poudre, depuis la dofe
de quatre grains jufqu'à huit, dans trois
ou quatre onces d'eau de pariétaire ou
de faxifrage. Pour préparer cette poudre, on met ces infectes dans un vaiffeau de verre bien bouché ; on les expofe enfuite au foleil pour les faire fécher ; & on les réduit pour lors facilement en poudre. On emploie encore
les Cerfs-volans à l'extérieur ; ils ap-
paifent la convulfion & la douleur des
nerfs, fi on les écrafe & fi on les ap-

plique fur la partie, ou bien fi on les fait cuire dans un onguent approprié: fi on en extrait l'huile par infufion, & fi on en diftille dans l'oreille, elle en appaife auffi-tôt les douleurs, & ôte même la furdité. L'huile de Cerf-volant & celle de fcorpion, jointes enfemble, guériffent l'épilepfie des petits enfans, & facilitent l'accouchement difficile; on fe fert encore des Cerfs-volans en amulettes; mais de pareils remedes font apocryphes.

Le Fouille-merde fe nomme encore pillulaire, à caufe de fes boules creufes de fiente, qu'il forme pour dépofer fes œufs dans leur intérieur. La poudre de fouille-merde foulage dans la protubérance ou le ftaphylome des yeux: on la feme fur le rectum dans la chute du fondement; elle l'empêche de retomber lorfqu'il a été remis.

Si la chute du rectum a été occafionnée par l'inflammmation & le gonflement des hémorroïdes, on fait bouillir les Fouilles-merdes dans de l'huile de maftic, pour en faire un liniment fur la partie relâchée.

On prépare avec ces infectes une huile par infufion, & même par décoction: la premiere fe fait en les mettant infuſer dans de bonne huile au ſoleil, pendant un mois ou ſix ſemaines, dans une bouteille fermée : quant à l'huile par décoction, on met une livre de ces inſectes tout vivans avec deux livres d'huile de lin dans un vaiſſeau de terre ; on le couvre & on le place ſur un petit feu, pour y faire bouillir doucement la liqueur. Tout l'humide étant évaporé, on coule l'huile par expreſſion, & on la garde pour l'uſage. Ces huiles ſont réſolutives, adouciſſantes, & fortifiantes ; on s'en ſert en liniment, en y trempant du coton, pour réſoudre les hémorroïdes, & pour en appaiſer la douleur. Les Fouilles-merdes ſont la baſe de l'huile de ſcarabée de la Pharmacopée de Paris.

CHAPITRE XVII *& dernier.*

De la Cochenille.

VOYEZ ce que nous avons dit de la *Cochenille dans l'Hiſtoire des Inſectes nuiſibles*, pag. 307, 3ᵉ. édition ; nous y avons rapporté la maniere d'en faire la récolte, & l'utilité qu'on en peut retirer.   N iv

SUPPLÉMENT

AU CHAPITRE PREMIER

De l'Histoire des Abeilles.

M. ANTOINE Humel, Chirurgien à Layback, dans le Duché de Carniole, a fait des observations très-curieuses sur la fécondation de la mere Abeille. La nuit du 23 Juin 1775, il avoit vu un essaim ; le lendemain il remarqua que les Abeilles prenoient l'air, & que la reine, après s'être égayée avec les autres sur la planche, près de l'ouverture de la ruche, s'envola ; la famille en parut très-inquiete ; une demi-heure après, la reine reparut, ayant la partie postérieure de son corps blanche ; les Abeilles la suivirent avec empressement dans la ruche

Le 5 Juillet, M. Humel eut un nouvel essaim ; mais la reine ne parut hors de la ruche que trois jours après ; elle vola quelque temps autour de la ruche, comme pour la reconnoître, prit fon effor, revint quelque temps après, mais fans changement fur fon corps : le 10 elle fortit de nouveau ; environ une demi-heure après, elle revint foible, traînant les aîles, & avec le train de derriere blanchi : toutes les Abeilles battirent des aîles en figne de joie.

M. Forlani, Pafteur du Chapitre des filles nobles de Vinckendorf, économe expérimenté, affure avoir vu la même chofe plus de quarante fois en vingt-deux ans ; il a remarqué que les effaims tardifs n'entroient jamais dans la ruche, que la reine ne fût fécondée. Souvent on voit tomber des pelotons de bourdons qui fécondent la mere ; celle-ci eft attachée à l'un deux, comme on le remarque chez les papillons. M. Slovac, autre apiphyle, attefte les même faits. La Carniole nourrit une quantité prodigieufe de ces infectes : tous les habitans, confultés par M. Humel, lui ont affuré qu'ils avoient fouvent été les témoins des mêmes événemens, & que c'étoit un bon figne quand la reine fortoit de bonne heure pour être fécondée. Dès qu'elle l'eft, elle ne fe montre plus, au lieu qu'avant de l'être elle fort fouvent jufqu'à trois fois.

M. Mamiot, de Seurre en Bourgogne,

N v

a obfervé fous un orme peu élevé, dont les feuilles commençoient à pointer, une grande quantité d'Abeilles qui lui parurent fureter & travailler affez vivement ; il en fut d'autant plus furpris, qu'il faifoit encore affez froid ; mais il apperçut bientôt leur rucher peu éloigné. Cette obfervation, avec celle qu'il a faite fur un faule nain, lui a fait croire que les Abeilles cherchent fur ces arbres, & fans doute fur quelques autres, le propolis dont elles enduifent leurs ruches, pour y attacher les gâteaux ; car il ne croit pas qu'elles y trouvent ni miel, ni cire. Ces arbres, & fur-tout l'orme, contiennent un fuc très-gluant & très-gommeux ; de forte que, fi l'on prend de fes jeunes branches, qu'on en ôte la premiere écorce brune, qu'on prenne celle qui fuit, jufqu'au bois, qu'on le broie, on en tire un fuc glaireux, comme celui du blanc d'œuf, & qui fe mouffe : on prétend que ce fuc eft très-bon pour la brûlure. On a auffi obfervé, par rapport au faule nain, que quand fa fleur eft à une certaine maturité, en l'écrafant entre les doigts, on s'apperçoit d'un gluten.

M. Biege, Gentilhomme du Poitou,

faisant bâtir une partie de son château de *Lileau*, à une lieue de Sainte-Hermine, a imaginé de faire pratiquer dans un mur très étendu & élevé à proportion, plusieurs loges propres à contenir des essaims d'Abeilles: ces loges, au nombre d'environ soixante, offrent en dehors une petite ouverture pour l'entrée & la sortie des Abeilles, & sont fermées en dedans par une grande pierre de taille que l'on assujettit, & que l'on ôte quand on veut dans la saison convenable, pour enlever le produit du travail de ces utiles & ingénieuses ouvrieres. Les souris, les insectes ne sauroient pénétrer dans ces loges toutes faites dans l'épaisseur du mur & sans saillie ; d'ailleurs elles n'ont pas l'inconvénient auquel peuvent être exposées les ruches ordinaires, placées dans des cours ou jardins, soit qu'elles soient en maçonnerie, soit qu'elles soient construites en bois, qui peuvent être dérangées par un coup de vent & tout autre accident, & dans lesquelles l'eau peut quelquefois filtrer, sans qu'on s'en apperçoive, & faire perdre ainsi une récolte, & souvent faire périr les Abeilles. La méthode de M. Biege paroît sûrement très ingénieuse; on pour-

N vj

roit l'imiter ; ces loges feroient plus
utiles que celles que l'on fait dans
d'autres endroits pour y attirer des
moineaux, à moins que ce ne foit afin
de les détruire : enfin , M. Biege a retiré du produit de fes ruches tous les
frais de la conftruction de fon mur.

M. Charles Withwortk nous a donné
la defcription d'une nouvelle ruche py-
ramidale de fon invention ; cette ruche
fe place fur un plateau pofé fur un
pilier planté dans la terre & d'une force
fuffifante pour foutenir le poids du
plateau & de la ruche. Ce pilier eft enfoncé de maniere que les plus grands
vents ne peuvent le renverfer : fa partie
fupérieure n'eft élevée que d'environ
deux pieds au - deffus du niveau du
terrain.

Le plateau dont on vient de parler
a deux pieds en carré ; ce qui fe mefure par fa diagonale , & deux pouces
d'épaiffeur : fous ledit plateau , & dans
fon milieu , eft une excavation carrée,
pour recevoir le faîte du pilier dont
on a parlé.

Le plateau eft fixé folidement fur le
pilier avec des chevilles de bois, ou
avec des clous, ou des coins entre
le pilier confidéré comme un tenon ,

& l'excavation carrée comme une mortoise. On observe en passant que la façon de placer les ruches sur des plateaux isolés, ne contribue pas peu à les garantir d'une partie des insectes qui font la guerre aux Abeilles : elle est même préférable à celle dont on fait usage dans les ruchers ordinaires, où les ruches sont rangées fort près les unes des autres sur des tablettes ou rayons, ou posent sur de petites tables à quatre pieds.

On met sur le plateau une ruche de bois, octogone, ayant un pied huit pouces de diametre, & dix pouces de haut, avec quatre fenêtres fermées par des glaces, & recouvertes de petits contrevents que l'on peut ouvrir ou fermer selon le désir que l'on auroit d'examiner le travail des Abeilles.

Ces quatre fenêtres répondent aux quatre coins du plateau, & laissent entre elles un espace plein, où sont appliquées extérieurement des mains de cuivre pour enlever la ruche au besoin : au milieu de la couverture de cette ruche hexagone, est un trou carré, qui s'ouvre & se referme par le moyen d'une coulisse de bois d'environ quatre pouces de large, qui est reçue dans deux rainures pratiquées dans l'épaisseur même du

effaim dans la ruche fupérieure; avantage dont il profite fur le champ, fans fuir de la premiere ruche, comme cela arrive toujours. Lorfqu'on s'apperçoit que le viel & le nouvel effaim font tranquilles chacun dans leur ruche, on ferme la communication, en pouffant la couliffe dans fa premiere place.

On doit laiffer au bas de chaque ruche une petite ouverture de trois pouces de long, & de trois lignes de large, par laquelle les Abeilles entreront dans leurs nouvelles demeures.

M. Cofte, Apothicaire à Meaux, expofe un moyen de fixer les Abeilles dans une nouvelle ruche; il s'eft imaginé que, pour jouir d'un effaim, un ballon à électricité, ouvert des deux bouts, rempliroit fes vues : on adapteroit à ce ballon, des deux côtés, ou à l'un des deux, autant d'alonges qu'on le défireroit ; on fermeroit les interftices latéraux avec un lut de terre glaife détrempée avec de l'eau, ou fait avec la poudre de cette terre battue en quantité convenable avec de l'huile de lin, ou de noix, ou d'olive; alors l'eau de la pluie ne détremperoit pas. Ce lut peu coûteux ferviroit bien des années, en l'enveloppant d'une veſſie , lorſqu'on n'en auroit plus beſoin. On éloigneroit ou rapprocheroit les ruches à volonté par le moyen des alonges : on trouveroit ces alonges toutes faites chez les Verriers.

On attacheroit au haut de la ruche vuide & ſur le côté une phiole de verre renverſée ſens deſſus deſſous , qu'on boucheroit avec un gros linge lié autour du col. Le miel, fermentant par la chaleur, attireroit par ſon odeur les Abeilles ; le linge, toujours empreint de miel, les amuſeroit & les accoutumeroit inſenſiblement à la demeure : cette bouteille pourroit être enlevée ; le *foramen* en ſeroit fermé par le même lut gras , qu'on pourroit rendre deſſicatif en y ajoutant un peu de litarge , environ quatre onces ſur une livre.

Ces alonges & le ballon de verre éclaireroient le Philoméliſe ſur les démarches des Abeilles & de leur prochaine fixation. M. Arbaud a approché beaucoup de la maniere de faire de M. Coſte. Ces volatiles ne croiroient-elles pas ſe ſauver dans l'air ? & une fois ſorties dans le ballon, on les forceroit d'enfiler la ruche, en bouchant avec du lut la premiere alonge. Ces procédés acceſſoires ſeront aiſément de-

vinés par les perfonnes qui s'en occupent.

Alfonfe de Herrera, Efpagnol, a
publié un moyen pour ramaffer les
Abeilles fauvages. On porte un peu
d'ocre rouge, ou de bol d'armonic
délayé avec de l'eau dans une écuelle,
que l'on place au bord du premier ruiffeau ou de la premiere fontaine que
l'on rencontre. Lorfqu'on appercevra des
Abeilles qui s'y abreuvent, on trempera
un linge dans ce mélange, pour en af-
perger légerement ces infectes; ils reviendront bientôt, fi leur ruche eft voi-
fine : la couleur dont leurs aîles feront
chargées facilitera le moyen de les fuivre
de vue jufqu'à la réfidence de leur
effaim : fi ces Abeilles demeurent trop
long-temps à revenir, on découvrira
l'endroit où elles fe retirent, en fuivant la méthode que l'on va indiquer.

On prend une canne, c'eft à-dire, un
de ces rofeaux creux, fi communs dans
les pays chauds, ouvert d'un bout &
fermé de l'autre, que l'on enduit un peu
de miel, & plus volontiers de l'eau
emmiellée ; on le place dans l'endroit
où les mouches ont coutume de venir
boire ; elles ne tarderont pas à y entrer :
dès qu'on préfumera qu'il y en a un cer-

tain nombre, on bouchera le tuyau avec le doigt, & on délivrera une mouche; il faut avoir le plus grand soin d'observer l'endroit vers lequel cet insecte dirige son vol : si malheureusement on le perd de vue, il faudra laisser échapper une nouvelle Abeille, que l'on suivra comme la premiere; & l'on trouvera ainsi l'endroit qu'habite l'essaim : dès qu'on y sera parvenu, on fera un trou au pied de l'arbre, où l'on allumera du feu; la fumée chassera l'essaim de sa retraite, & le forcera de se retirer dans une ruche que l'on tiendra suspendue au dessus avec une perche : il faut avoir soin de frotter cette ruche avec des herbes odoriférantes, ou avec de l'eau emmiellée. La bonne odeur d'une part, & la fumée de l'autre, engageront l'essaim sauvage à se réfugier dans ce nouvel asile où on les conservera suivant la méthode ordinaire. On doit encore avoir soin de mettre de distance en distance sur les montagnes, des ruches parfumées selon la méthode dont on vient de parler, vers le temps où les Abeilles vont essaimer : il arrivera que plusieurs d'entre elles s'y réfugieront. Comme ces insectes se plaisent beaucoup sur les arbres, il faut avoir la précaution d'y placer les ruches, & d'y mettre un rayon de miel, afin que les Abeilles s'y fixent plus volontiers.

Le même Alphonſe de Herrera indique la maniere de nourrir les Abeilles pendant l'hiver. On leur donnera, dit-il, du miel de temps en temps; quelques perſonnes y ſuppléent en mettant devant leurs ruches de la farine de ſarraſin ; mais notre Auteur préſume qu'il vaudroit mieux ſe ſervir de celle de froment, que l'on délaye avec de l'eau miellée : pluſieurs agronomes font cuire de bonnes figues ſeches dans l'eau, & les expoſent enſuite à l'entrée de la ruche ; la décoction de ces figues leur ſert en même temps de boiſſon ; on les met enſuite pour cela dans quelques vaſes de terre rompus, où l'on a jeté quelques petites pierres, afin que les Abeilles puiſſent ſe repoſer, pour ne pas courir les riſques de ſe noyer. Cette boiſſon eſt non ſeulement agréable à ces inſectes, mais elle leur eſt encore très-ſalutaire. On peut auſſi leur donner de l'urine de bœuf ou de l'eau emmiellée dans de petites rigoles : ces précautions empêchent que les Abeilles ne s'égarent & ne ſuccombent ſous la rigueur de la ſaiſon.

Si les Abeilles, dit Ruccellii dans
son Poëme italien, sont surprises par
une pluie violente, qui les submerge
presque toutes, prenez délicatement
celles que vous voulez rappeler à la vie,
pour les placer les unes avec les autres
sur un linge blanc fortement embaumé
de thim; vous les saupoudrerez ensuite
avec de la cendre de figuier sauvage,
qui soit un peu chaude; vous expo-
serez le linge au soleil & à la chaleur
du feu, si le temps est couvert; les
Abeilles ne tarderont pas à ressusciter,
lorsqu'elles n'ont pas été long-temps
mouillées.

SUPPLÉMENT

A L'HISTOIRE

DES INSECTES NUISIBLES.

Moyen de détruire les insectes qui ravagent les ananas.

I. **D**ANS un vaisseau quelconque rempli d'eau, on fait une forte infusion de tabac ; & après avoir enlevé toute la terre autour des racines de la plante, on le plonge entierement dans cette infusion, où elle reste environ pendant vingt-quatre heures. Lorsqu'on le retire de ce bain, on le plonge de nouveau dans un bain d'eau propre ; une éponge sert à nettoyer les feuilles, le dedans, le dehors, & le dessous du pot dans lequel on doit le replanter ; & on lui donne de la terre neuve. Après l'opération, le pot est mis dans la tannée, à laquelle on a ajouté du tan neuf, afin d'y renouveler la chaleur. Ces infectes multiplient beaucoup plus dans l'été fur les plantes qu'on tient trop féches, que fur celles dont les cafes font pourvues d'un peu d'humidité. Ces irrigations, en maniere de pluie, ne détruifent point ces infectes; ils fe ferrent & fe collent plus contre les feuilles, & leur couverture, en forme de bouclier, laiffe couler l'eau qui pourroit leur nuire.

Moyen de remédier à la maladie des beftiaux, occafionnée pour avoir avalé des cantharides.

II. Les animaux auxquels on donne la feuillée pendant l'hiver, font fujets à avaler des mouches cantharides, furtout en mangeant les feuilles de frene & d'ormeau : leur eftomac s'enfle ; bientôt après furviennent la fuppreffion d'urine, le piffement de fang, des tiraillemens, des tenfions, fur-tout dans le bas-ventre. Le camphre eft le vrai contrepoifon ; mais il ne faut pas négliger les boiffons légerement acidulées, les boiffons mucilagineufes, faites avec la graine de lin où avec les feuilles de mauve, de guimauve, &c. Si l'inflammation, fi le piſſement de ſang ſont bien caracté-riſés, la ſaignée eſt indiquée, & même les bains, ſi toutefois l'eau n'eſt pas trop froide.

Moyens indiqués par M. Lotthinger pour détruire les charançons.

III. Ces moyens conſiſtent, 1°. à troubler ces inſectes dans le temps qu'ils ſe diſpoſent à s'accoupler & à faire leur ponte, en criblant & remuant le blé, les forcer à s'en éloigner ; 2°. à les ex-terminer & les faire mourir par l'eau bouillante qu'on verſe ſur eux. Lorſ-qu'on s'apperçoit, au retour du prin-temps, que les charançons ſont répandus dans les monceaux de blé qui ont paſſé l'hiver dans les greniers, il faut en former un petit tas de cinq à ſix meſures, qu'on place à une diſtance con-venable du tas principal : on remue alors avec la pelle le blé du principal mon-ceau où ces inſectes ſe ſont établis. Les charançons, qui aiment ſingulierement la tranquillité, étant troublés par ce mou-vement dans leur aſile, cherchent à fuir pour s'échapper du danger qui les me-nace ; voyant un autre tas de blé à

côté

côté de celui d'où on les force de s'é-
loigner, ils courent s'y réfugier, es-
pérant qu'on ne les inquiétera pas dans
cette retraite; il eſt rare qu'ils cherchent
les murs pour ſe ſauver, quand ils
voient un monceau de blé à leur portée, qui leur offre un aſile où ils peuvent ſe retirer : cependant s'il y en
a qui cherchent à gagner les murs pour
échapper à la mort qui les attend, les
perſonnes qui veillent à leur fuite, ônt
ſoin de les raſſembler avec un balai
qu'elles doivent avoir à la main, vers
le tas où les autres ſe retirent, ou de
les écraſer avec le pied : cela eſt d'autant plus facile, que cet inſecte ne bouge
plus ; il contrefait le mort dès qu'on le
touche ; on peut donc le conduire
où l'on veut, avec le balai, ſans
craindre qu'il cherche à fuir ; il ne
ſe réveille de ſon état mort apparent
pour ſe ſauver, que quand on ne l'in-
quiete plus, & qu'il s'apperçoit qu'on
ne ſonge plus à lui. Si on l'a ramené
près du petit monceau de blé mis en
réſerve, il cherchera tout de ſuite à y
entrer & à s'y enfoncer, dès qu'on ne
l'inquiétera plus avec le balai.

Lorſqu'on a raſſemblé tous les charançons dans le tas de blé qu'on a

O

formé à côté du monceau principal,
on apporte de l'eau bouillante dans un
chaudron, on la verſe ſur le blé, qu'on
remue en même temps avec une pelle,
afin que l'eau pénetre par-tout avant
de ſe refroidir; tous ces inſectes meurent
brûlés & étouffés dans le moment. On
étend enſuite le blé pour qu'il puiſſe
ſécher ; après quoi il eſt facile, en
le criblant, d'en ſéparer les charançons
morts. Il faut obſerver qu'il eſt eſſentiel de faire cette opération au commencement du printemps, afin de prévenir la ponte de ces inſectes : ſi on le
faiſoit trop tard, ce moyen ſeroit in-
fructueux, parce que les œufs dépoſés
& collés aux grains, dont ils ne ſe ſéparent point, quoiqu'on l'agite avec
violence, donneroient une génération
de charançons, qui détruiroit tout le
blé qu'on veut conſerver : la génération qui exiſte n'eſt dangereuſe qu'en
donnant naiſſance à celle qui lui ſuc-
cede : c'eſt donc celle-là qu'il faut prévenir, en détruiſant celle qui lui donneroit l'exiſtence.

Moyen pour détruire les chenilles.

IV. Quand on craint qu'un arbre ne soit attaqué par les chenilles répandues dans le voisinage , on peut enduire tout le tour du tronc, à la largeur de deux pouces, avec du miel, ou avec toute autre matiere gluante & visqueuse; lorsqu'elles veulent se traîner sur cette barriere , leurs pattes s'y attachent, & elles ne peuvent plus avancer : alors il faut avoir soin de visiter l'arbre de temps en temps, afin d'ôter les chenilles qui sont prises aux piéges qu'on leur a tendus pour les écraser : si on les laissoit , leur corps serviroit de planches à d'autres pour traverser la barriere sans s'engluer. Quelquefois on réussit à faire tomber les chenilles d'un arbre qui en est couvert, en brûlant au bas de la paille mouillée , ou celle de la litiere des chevaux , qui occasionne une fumée très-épaisse qui les étourdit : lorsqu'on mêle à ce feu un peu de soufre, la fumée est bien plus propre à les étourdir. On ne doit point leur donner le temps de revenir de cette sorte de convulsion ; il faut au contraire les écraser tout de suite à mesure qu'elles

O ij

tombent ; autrement, dès qu'elles feroient revenues de cet état de convulfion, elles regagneroient les arbres.

Moyen de remédier à la piqûre des coufins,
par M. l'Abbé Rofier.

V. J'ai éprouvé infru(ctueufement,
dit M. l'Abbé Rofier, tous les remedes
indiqués, fur-tout l'alkali volatil fluor :
le fel marin ou fel de cuifine m'a paf-
fablement réufli : j'en porte avec moi
réduit en poudre ; & dès que j'en fuis
piqué, j'humecte la plaie avec de la
falive, & la couvre de fel marin ; il
feche, la demangaifon diminue, & ceffe
fi le fel a été mis auffi-tôt après la piqûre. Le fecond moyen a eu un fuccès
plus marqué, mais il n'eft pas trop
agréable. Je dînois ; un coufin de l'efpece
noire me piqua au front : tout à coup
la peau s'éleva, blanchit de la largeur
d'une piece de fix fous, & la douleur
fut vive : je ne fais par quel inftinct je
coupai un morceau de fromage de
gruyeres, de la largeur d'une piece de
vingt-quatre fous, d'une ligne & demie
d'épaiffeur environ, & je l'appliquai fur
l'endroit douloureux : ce morceau de
fromage fe colla fortement fur ma peau ;

la chaleur occafionnée par la piqûre & l'enflure diminua en la proportion que le fromage fondit dans la partie qui touchoit la peau relevée en boffe , enfin jufqu'à ce que toute cette prominence eût fait fon moule dans le fromage ; ce qui fut l'affaire d'un quart d'heure. En général, tous les remedes font inutiles, s'ils ne font appliqués fur le champ , d'après mon expérience. L'eau fraîche, la glace même, font des moyens inutiles , quoique très-vantés.

Moyen pour fe garantir des coufins.

VI. Le feul expédient eft de garnir les portes & fenêtres avec du canevas clair , cloué fur des châffis ou cadres mobiles ; alors on voit par centaine contre le canevas les coufins faire des efforts inutiles pour entrer.

Moyen pour détruire les infectes rongeurs
& deftructeurs du fromage.

VII. Tous ces infectes ont fur le dos ou fur les côtés , des trachées par où ils refpirent ; l'huile qui touche leur peau bouche leurs trachées , & ces infectes meurent fuffoqués ; par conféquent

l'huile eſt ſeule capable de les détruire. Avant de tremper le fromage
dans l'huile, il faut avoir une broſſe à
poils longs, la frotter dans tous les ſens,
afin de faire tomber autant d'œufs ou
d'inſectes qu'il ſera poſſible; rechercher
dans les gerçures, dans les cavités, avec
la pointe d'un couteau, ce qui exiſte,
ratiſſer & bien eſſuyer le fromage; ſi
les gerçures pénetrent dans l'intérieur,
trancher juſqu'au vif, enſuite y couler
de l'huile, & en imbiber toute la partie
extérieure, que l'on recouvrira enſuite
avec un linge également imbibé d'huile;
renouveler cette opération autant de
fois que l'on s'appercevra d'un nouveau
dégât. Ce procédé réuſſit très-bien contre
les cirons; mais il n'a pas la même
activité contre le ver ſauteur, parce
qu'il eſt logé trop profondément. Cependant ſi on apperçoit ſa retraite, l'endroit où il exerce ſes ravages, on peut
le découvrir & y mettre de l'huile, qui
pénétrera dans les galeries qu'il s'eſt
formées.

Moyen de détruire les guêpes.

VIII. Le seul moyen de détruire les guêpiers aériens, ce qui est facile en visitant souvent les arbres, est de fermer avec du plâtre ou du mortier les ouvertures par lesquelles les guêpes entrent & se logent dans les cavités des murs, des troncs d'arbres; de brûler de la paille à l'ouverture des guêpiers souterrains : ces expédiens supposent que l'on connoît la demeure de ces insectes ; c'est couper le mal par la racine; mais il faut connoître cette racine, & voilà souvent le difficile.

Secret pour détruire les teignes qui dévorent les tapisseries.

IX. Si les teignes s'emparent des tentures, des étoffes de laine, il suffit de les frotter par derriere avec du savon : on répétera plusieurs fois cette opération pendant le cours de l'été.

Moyen pour se débarrasser du papillon de la fausse teigne, à mesure qu'il sort du grain de blé.

X. Un particulier très-digne de foi assure qu'à Massac, où l'on fabrique la farine de minot pour les Isles, on emploie le procédé suivant pour se débarrasser du papillon de la fausse teigne, à mesure qu'il sort du grain de blé.

Les fenêtres des greniers sont fermées par des grilles en fer & à mailles serrées, afin que les oiseaux du dehors ne puissent pas entrer. Au printemps on prend avec des filets l'oiseau appelé bergeronette (*motacilla verna*); au mois d'Août & de Septembre, la bergeronette jaune (*motacilla flava*). Ces oiseaux ne vivent que de petits vers, de petits insectes. On rassemble quinze ou vingt de ces oiseaux, & on les jette dans les greniers bien fermés : la seule attention à avoir est de tenir perpétuellement de l'eau dans les augets, afin qu'ils puissent boire. Dès qu'il paroît un papillon sur la surface du blé, on est sûr qu'il est mangé par ces oiseaux : si un charançon paroît au de-

hors, il éprouve le même fort; & l'oi-
feau, avec fon bec affilé & long, fe
plonge dans le blé pour chercher ceux
qui s'y cachent; mais, par malheur, il
ne peut aller affez profondement pour
les détruire tous. Ces oifeaux s'en-
graiffent très-vîte; & lorfqu'on les juge
au point de graiffe convenable, on les
prend & on les mange. De nouvelles
bergeronettes viennent prendre leur
place, & paffent tour à tour du grenier à la cuifine : telle eft la récompenfe
des fervices qu'elles rendent. Les fauffes
teignes, ou plutôt leurs œufs, font appor-
tées avec les grains des champs aux greniers; mais c'eft ici que cès infectes s'accouplent & pondent leurs œufs fur les
grains. En outre, leurs excrémens, multipliés en raifon de leur nombre, ne contribuent pas peu à l'échauffement du blé,
& leurs dépouilles à le falir. On objectera
que ceux des bergeronetes produiront
le même effet: mais qu'eft-ce que de fix à
douze bergeronettes en comparaifon de
milliers de fauffes teignes ? En outre les
excrémens des oifeaux font fecs, & un
coup de crible les fépare du grain.

Moyen de faire la chasse aux papillons, & de les fixer pour les dessiner ou les peindre, sans endommager les couleurs.

XI. L'insecte qui brille de mille couleurs après différentes métamorphoses, le papillon se laisse prendre difficilement ; & souvent la main qui lui rend la liberté lui ravit aussi cette poussiere coloriée, qui fait la beauté de ses aîles. Les Allemands, dans la vue de remédier à cet inconvénient, ont imaginé de faire de grandes raquettes circulaires, avec un fil de fer d'une certaine grosseur, & couvert d'une toile assez mince : le manche, qui est formé par la continuité du fil de fer, peut avoir deux pieds de long. Le Chasseur (c'est ordinairement un enfant) tient de chaque main une de ces longues raquettes, & prend facilement au vol le papillon qu'il poursuit. L'insecte étant étourdi, on le place sur une planche dans laquelle on a pratiqué une cavité capable de recevoir son corps, & on étend ses aîles le mieux qu'il est possible. Comme il est nécessaire qu'elles restent bien développées, on applique dessus un fil d'archal que l'on retient par les deux bouts avec un pèu de cire; l'infecte ainfi arrêté ne peut plus s'agiter, & laiffe au Naturalifte ou à l'Artifte le temps de le peindre avec toute la variété de fes couleurs.

Moyen pour détruire les fourmis, extrait d'une lettre du Pavillon près de Troye.

XII. « Monfieur, j'ignorois que le tabac en poudre pût éloigner les fourmis, même les faire tomber en convulfion, lorfque certain que l'odeur de l'huile de chenevis eft défagréable, je dis plus, infupportable à tout infecte, même à la punaife, je m'avifai de délayer de la fuie de four, comme plus fine, dans un mefure de cette huile; j'en appliquai, à l'aide d'un pinceau de torcheur, du haut en bas de la tige d'un pêcher que les fourmis avoient fatigué au point que je le regardois comme mort. Pas une, après mon opération, ne reparut, & il eft le plus beau de tous ceux que je cultive; il étoit affujetti, j'en préviens, à une fimple paliffade, telle que celle d'un contre efpalier. Comme l'huile que me rend le chenevis de mon champ, & la fuie de mon four ne viennent point de l'étranger, & me coutent par la fuite beaucoup moins que le tabac, je pré-

O vj

fére l'un à l'autre , & d'autant plus volontiers, que j'en ai ufé avec le plus
grand fuccès , par tout où les fourmis
me faifoient tort ; je les ai éloignées
de mes ruches, dont la pofition , il eft
vrai , differe du plus grand nombre , tant
par l'élevation au-deffus du fol , qu'à
beaucoup d'autres égards , ainfi que du
dépôt de mon miel & de mes fruits ,
en induifant de ce mélange les iffues par
où elles s'introduifent ».

Moyen pour prévenir & même détruire la
vermifcation dans les fromages & dans
les viandes.

XIII. Perfonne n'ignore que les vers
fe mettent fouvent dans les fromages ,
fur tout dans les fromages fabriqués fans
aucune cuiffon. Cet inconvénient en diminue la valeur , & en reftreint le commerce aux gens peu délicats , tels que
ceux de la campagne.

Perfonne n'ignore non plus qu'on n'a
point encore trouvé de fecret pour
garantir les fromages de cette efpece
de vers qui naiffent dans la falure même ,
& que pour tuer ces infectes, on n'a
rien imaginé jufqu'à préfent qui ne pré-
judicie à la qualité reftante du fromage,

ou à la santé de ceux qui en font usage : des observations sur des faits présentés par hasard ont produit à cet égard des découvertes utiles.

Une femme de campagne avoit fait, il y a six ans, un fromage que des embarras domestiques l'obligerent à fabriquer pendant la nuit à la chandelle, & dans une chambre dont les fenêtres & les contrevents n'avoient pas été ouverts de toute l'année : elle sala le fromage, & elle le mit dans un buffet où elle l'oublia : elle ne l'y trouva qu'environ un an après ; il manquoit de salure, mais aucun ver ne s'y étoit formé.

En recherchant la cause de cette singularité, on l'attribua à ce que dans la chambre il n'y avoit eu aucune mouche. Pour s'en assurer, on fit ouvrir les fenêtres & le buffet de la chambre où étoit le fromage : les mouches y entrerent, & dans moins d'un mois la vermification fut complette. On a fait réitérer la formation de plusieurs fromages, ainsi que la salaison, avec les mêmes précautions, dans des endroits où la chaleur du local & la qualité du pâturage favorisent le plus la vermification, sans en avoir vu de traces pendant une année.

Une perſonne voyoit monder des framboiſes ſur une table : on préparoit à côté, pour un pauvre, un remede dans lequel devoit entrer du nitre rectifié, diſſout dans l'eau. Une ſeule goutte tomba ſur la table, & dans cette goutte tomba auſſi un ver de framboiſe, lequel reſta immobile & roide comme une épingle : on en mit beaucoup d'autres dans des gouttes d'eau nitrifiée ; il en réſulta toujours le même effet, qui a été invariable à l'égard des vers de fromage. La doſe ordinaire du nitre eſt le huitieme du poids de l'eau où on le fait diſſoudre ; mais il faut eſſayer ſouvent, & s'en tenir à la doſe qui tue les vers à l'inſtant. On ſe ſert, avec un égal ſuccès, de la même méthode pour détruire la vermification dans la viande.

Moyen pour préſerver les grains du ravage des papillons.

XIV. Il faut enfermer le grain auſſi-tôt qu'il eſt battu & nettoyé, dans des tonneaux clos auſſi exactement qu'il eſt poſſible.

Moyen simple & facile de détruire & écarter les punaises.

XV. Un particulier de Lyon s'est servi du moyen suivant, dont il a éprouvé les plus heureux succès. Il a mis dans les chambres, sur l'oreiller, le dossier, & dessous les lits, excepté sur les impérials, des branches & feuilles d'yeble, *ebulus*. Depuis ce moment il n'a plus revu ces insectes ; & son expérience a été faite il y a cinq ans : il n'eut pas besoin de défaire les rideaux du lit.

Moyen d'empêcher que les moules cuites soient nuisibles en aucun temps.

XVI. Il faut d'abord passer les moules par le vinaigre, après qu'elles sont bien lavées dans l'eau ; ensuite on les fait bouillir dans un pot de terre, avec un verre de vinaigre & quelques grains de poivre entier. Si on veut les faire cuire dans leurs coquilles, on y verse un peu de vinaigre, du verjus, ou du jus de citron, & on y met quelque peu de poivre concassé. Si on use de la même précaution, on peut également en manger crues en tout temps.

Maniere éprouvée avec succès pour détruire les charançons.

XVII. On met sur le tas de blé des poignées de chanvre, de celles qu'on vient d'arracher ; le lendemain elles sont toutes couvertes de charançons : on bat les poignées dehors du grenier, on les remet sur le blé ; & il ne faut pas cinq jours pour détruire les charançons.

Remede contre la piqûre des cousins.

XVIII. Deux ou trois feuilles de plantin, appliquées sur cette piqûre, en operent la guérison.

Moyens de préserver non seulement les pois, mais encore tous les autres légumes, des attaques des insectes rongeurs de pois, qui sont des especes de charançons.

XIX. Il faut exposer les légumes pendant trois jours consécutifs au soleil, dans le temps de la moisson, puis les mettre dans un four dont on vient de retirer le pain, les y laisser trois quarts d'heure, & les exposer ensuite à l'air l'espace d'ue demi-heure ; mais la graine

qui a été mise au feu n'est pas bonne
à ensemencer.

Moyen de détruire les vers dans les pois.

XX. Mettez les pois dans un panier,
trempez-les une fois dans l'eau bouillante, laissez-les ressuyer au soleil ou
à la fumée, en les couvrant, les vers
sortiront, & on les en retirera aisément ;
mais la fumée pourroit bien contracter
une saveur acre.

Lettre aux Auteurs du Journal de Paris,
  sur les vers appelés moeres, *ou monts,*
  qui endommagent les champs, & moyen
  de les détruire.

XXI. « Ces mêmes vers sont connus
dans ma province sous le nom de *turcs* :
les champs, les prairies & les potagers
sont souvent dévastés par eux ; & de
très-beaux arbres fruitiers, bien vigoureux, périssent en peu d'instans sous
leur dent meurtriere. C'est un pays de
bocage, & les bonnes terres y sont, pour
la plupart, sur un sol argileux. Lorsu-
qu'on leve les guérets, il se trouve toujours une grande quantité de ces vers
qui noircissent & périssent sur le champ

au foleil ; mais fi les jacheres ont été longues, bien après une prairie artificielle, la quantité m'a paru bien plus confidérable : lorfque les labours ne font pas profonds, ni fréquens, ni en faifon convenable, ou lorfqu'ils ont été faits avec une mauvaife charrue, j'ai cru remarquer que beaucoup de grains périffoient fur le pied.

« Dans les parties que j'ai fait labourer à plufieurs époques, & en divers fonds, j'ai toujours trouvé une abondance effrayante de ces vers ; mais il y a quatre ou cinq ans, j'obfervai pour la premiere fois dans un herbage engraiffé de quinze bœufs, entouré d'eau vive, mais bordé, de l'autre bord du ruiffeau, & des deux côtés paralleles, de deux jeunes futaies, j'obfervai, dis-je, une portion le long d'un des côtés, où l'herbe étoit comme brulée. L'année fuivante, ce même endroit ne pouffa aucune verdure, la terre étoit pelée ; mais le deffechement de l'herbe s'étoit propagé jufqu'à la valeur d'un arpent & demi, ou deux arpens ; je fis piocher en deux endroits, & je trouvai des monts ou turcs ; & fous chaque fiente de bœuf, j'en trouvai, en les renverfant, jufqu'à douze ou quinze.

Je n'héſitai point à faire labourer cette portion de prairie; c'étoit une véritable fourmilliere; le ſoleil les détruiſoit à meſure que l'oreille de la charrue les ramenoit en deſſus; & les pies s'avertiſſent au loin pour cette curée, dont elles parurent très-friandes, ſuivant exactement la charrue en grande quantité.

A l'automne, je fis croiſer le labour, & ſemer de la graine de foin, & au printemps ſuivant, beaucoup de balayures de grange. Ce fut la partie de l'herbage la plus vigoureuſe; & il n'a pas paru que le reſte ſe ſoit reſſenti en aucune partie de ce même accident. On m'aſſura alors qu'on éprouvoit quelquefois les mêmes déſaſtres dans les herbages à graiſſe, mais qu'ils ſe rétabliſſoient d'eux-mêmes au bout de deux à trois ans : je ne fus pas curieux d'en faire l'expérience, & je coupai la racine du mal.

Lettre à l'Auteur de cet Ouvrage sur la Cochenille & autres Insectes qui peuvent servir à la Teinture & à la Peinture.

J'AI lu, Monsieur, avec plaisir dans votre Ouvrage intitulé *Histoire des Insectes nuisibles*, un chapitre entier sur la cochenille de Saint-Domingue; mais comme ce que vous en avez dit ne m'a pas paru suffisant, permettez-moi de vous faire quelques observations sur cet insecte, principalement sur celui du Mexique, & d'y joindre quelques détails sur les insectes qui peuvent servir à la teinture & à la peinture. Les cochenilles nous viennent de l'Amérique en petits grains convexes d'un côté & concaves de l'autre. Nos Teinturiers s'en servent pour teindre en écarlate & en cramoisi : si on fait ramollir & gonfler dans l'eau & du vinaigre ces petits grains, & si on les examine à la loupe, on y distingue les différens anneaux des corps des insectes; on voit même quelquefois, à l'aide de cette même loupe, des jambes entieres & des attaches de jambes. La figure entiere de la cochenille peut se comparer à celle de nos punaises domestiques, qui, lorsqu'elles sont desséchées, sont grosses comme une lentille, hémisphériques, annullées, d'un rouge noirâtre, inodores & teignant en rouge.

On recueille les cochenilles dans le Mexique. Ces progallinsectes s'attachent aux feuilles de diverses plantes : les Indiens les ramassent, & les mettent sur une espece de figuier de ce pays, dont le fruit est plein d'un suc couleur de sang ; ils nomment cette plante *kumbeba* ou *tuna* ; & en botanique on la connoît sous le nom d'*opuntia major spinosa fructu sanguineo*. Les François la nomment figuier d'Inde : les Indiens la cultivent avec grand soin autour de leurs habitations ; & pour s'assurer une récolte sûre de cochenille, ils la sement, pour ainsi dire, sur la plante. Ils font avec de la mousse, ou du foin fin, ou de la bourre de coco, des especes de petits nids dans lesquels ils mettent douze ou quatorze cochenilles ; ils placent deux ou trois de ces nids sur chacune des feuilles de cette plante, qui y restent assujettis par le moyen des épines qui naissent naturellement sur les feuilles. Au bout de quelques jours, les cochenilles donnent naiſſance à une nombreuſe famille : les petits nouveaux nés ſe diſperſent bientôt ſur les plantes, & ne tardent point de ſe fixer dans les endroits les plus ſucculens, où ils reſtent juſqu'à leur dernier période d'acroiſ-ſement : ces inſectes piquent uniquement la plante , & en tirent le ſuc.

Chaque année fournit pour l'ordi-naire trois récoltes de cochenille : dans la premiere on enleve les nids & les cochenilles qu'on avoit miſes dans les nids , & qui périſſent toujours après avoir donné naiſſance à leurs petits. Trois ou quatre móis après on fait la récolte du produit de cette génération ; les groſſes cochenilles qu'on laiſſe, don-nent lieu à une troiſieme génération que l'on recueille au bout de trois ou quatre mois : on détache la cochenille de deſſus les feuilles avec un pinceau Aux approches de la mauvaiſe ſaiſon, les Indiens coupent les feuilles d'*opuntia*, autrement raquette, & les tranſportent dans leurs habitations avec la nouvelle cochenille qui eſt deſſus. Ces feuilles ſe conſervent vertes pendant fort long temps , & les cochenilles y croiſſent pendant la mauvaiſe ſaiſon : lorſque cette mauvaise saison est passée, on en met en grande partie sur des feuilles dans des nids, suivant la méthode usitée. La cochenille de la derniere récolte n'est pas si belle, parce qu'on est obligé de racler les feuilles de l'*opuntia*, pour en enlever ces petits insectes : la raclure des plantes se mêle pour lors avec la cochenille, qui est de différente grosseur, d'autant que les cochenilles meres se trouvent confondues avec les nouveaux nés.

Aussi-tôt qu'on a recueilli la cochenille, on la fait mourir. On s'y prend de différentes façons, & chaque méthode a son nom particulier. On donne à la cochenille le nom de *renegrida*, lorsqu'on la fait périr dans des corbeilles plongées dans de l'eau chaude ; elle est pour lors d'une teinte d'un brun rouge, & se trouve privée en partie de cette poudre blanche dont le corps de ces insectes est pour l'ordinaire couvert.

Quand la cochenille est desséchée dans les *tamercales*, qui font des especes de fours, elle devient d'un gris cendré ou jaspé ; elle a du blanc sur un fond rougeâtre ; on lui donne pour lors le nom de *jaspenda* ; & quand on la met sécher sur les *cornales*, especes de pla-

ques qui ont servi à faire cuire le maïs,
elle devient noirâtre ; aussi l'appelle-t-on
pour lors *nigra* ; elle est sujette à s'y
échauffer. On retire par le dessechement
une livre de cochenille desséchée, de
trois livres de cochenille vivante. On
donne en général à la cochenille ainsi
préparée le nom de cochenille fine &
domestique, & celui de cochenille *mesteque*, parce qu'elle vient communément de Mesteque. M. Hellot a observé que la cochenille conservoit pendant cent trente ans, sans aucune altération, sa vertu colorante. Il y a une
cochenille qu'on nomme *sylvestra*, parce
qu'on la travaille sous des figuiers d'Inde,
qui viennent naturellement sans culture ;
mais elle fournit moins de teinture que
la domestique ; aussi n'est-elle pas à un
si haut prix dans le commerce.

C'est avec la cochenille qu'on fait
quelquefois le carmin ; rien n'en approche pour teindre en écarlate & en
cramoisi. Le *bezatta*, qui est une espece
de crépon, ou de linon très-fin, teint
avec la cochenille, qui est d'un rouge
très-vif, qu'on tire de Constantinople,
& qu'on contrefait à Strasbourg, s'emploie souvent par les dames pour se
farder ; on le trempe pour ce dans un
peu

peu d'eau ; on se sert aussi du *bezatta* pour colorier les liqueurs à l'esprit de vin. On emploie encore aux mêmes usages la *laine nakaret* de Portugal, qui est un coton aussi colorié avec la co-chenille.

La Pologne nous fournit une espece de cochenille qui est pour le moins aussi intéressante pour la teinture que la précédente. Cette cochenille se nomme kermès du Nord, *cocus polonicus tincto-rius*. C'est, suivant le docteur Bernheldi de Bernitz, un insecte hemiptere, petit, rond, un peu moins gros qu'un grain de coriandre, plein d'un suc purpurin, & qu'on trouve adherent, vers la fin de Juin, à la racine d'une espece de renouée ou de centinode, que Ray a nommée *polygonum cocciferum incanum flore majore perenni* ; & à qui Tournefort a donné la phrase d'*Alchimilla gramineo folio, majore flore*. Cette plante est fort commune dans le Palatinat de Kiovie, voisin de l'Ukraine, vers les villes de Ludnow, Pintka, Stobdyszce, & dans d'autres lieux déserts & sablonneux de l'Ukraine, de la Podolie, de la Vol-hinie, du grand Duché de Lithuanie, & même dans la Prusse du côté de Thom. Les paysans & tous ceux qui

font la récolte du Kermès du Nord,
favent par expérience que le *polygonum*
ne rapporte pas tous les ans. Cette récolte manque principalement dans les
années pluvieufes & froides : c'eft pour
l'ordinaire après la fortie de l'été que
le kermès eft mûr & plein de fon fuc
purpurin. Pour en faire la récolte, les
habitans du pays ont à la main une petite bêche creufe, faite en forme de
houlette, & qui a un manche court;
d'une main ils tiennent la plante; ils
la levent de terre avec l'autre main
armée de cet inftrument; ils en détachent les efpeces de fauffes baies ou
infectes ronds, autrement *coccus*, & re-
mettent la plante dans le même trou,
pour ne pas la détruire : ils font cette
manœuvre avec une dextérité & une
viteffe admirables. Ayant féparé le
coccus de fa terre par le moyen d'un
crible fait exprès, ils prennent foin d'é-
viter qu'il ne fe convertiffe en vermif-
feau. Pour l'en empêcher, ils l'arrofent
de vinaigre & d'eau la plus froide, puis
ils le portent dans un lieu fec, mais avec
précaution, ou bien ils l'expofent au
foleil pour le faire fécher & le faire
mourir. Si les kermès étoient deffeché
trop précipitamment, ils perdroient leu

belle couleur. Quelquefois auſſi ceux qui font cette récolte ſéparent les petits inſectes de leurs véſicules, en les preſſant doucement avec l'extrémité des doigts, & enſuite ils en forment de petites maſſes rondes ; il faut agir avec beaucoup d'adreſſe & d'attention pour faire cette expreſſion, ſinon le ſuc colorant ſeroit réſous par une trop forte compreſſion ; & la couleur pourpre qu'on en tire ſe perdroit. Cette teinture, réduite ainſi en maſſes, eſt plus eſtimée des Teinturiers que lorſqu'elle eſt en grains. Les Seigneurs Polonois qui ont des terres dans l'Ukraine, afferment à grand prix la récolte du coccus aux juifs, & chargent, en faiſant cette vente, leurs ſerfs ou vaſſaux de faire cette récolte. Les Juifs vendent cette drogue aux Turcs & aux Arméniens ; ceux-ci s'en ſervent pour teindre la laine, la ſoie, le cuir, le maroquin, & les queues de leurs chevaux. Les femmes Turcs ſe ſervent du jus de citron ou de vin pour en tirer la teinture, & ont l'habitude d'en uſer journellement pour ſe rougir l'extrémité des mains & des pieds d'une belle couleur incarnate. Les Hollandois achetoient autrefois fort cher le *coccus polonicus*, & le mêloient avec pareille quantité de cochenille pour teindre leurs draps en écarlate. La couleur de cet insecte, extraite par le jus de citron ou une leffive d'alun, peut former avec le crayon une laque propre pour la peinture, en y ajoutant un peu de gomme arabique : cette laque peut devenir auffi belle que la laque de Florence. M. Hellot, qui a fait venir du *coccus* de Dantzic, n'a jamais pu parvenir à tirer de ce *coccus*, en le traitant comme le kermès ou la cochenille, que des lilas, des couleurs de chair, & des cramoifis plus ou moins vifs ; mais il ne lui a jamais été poffible de parvenir à en faire des écarlates. Celui que ce favant Académicien a employé, a coûté infiniment plus que la plus belle cochenille, d'autant qu'il n'a pas fourni la cinquieme partie de la teinture que rend celui de la Chine.

C'eft-là la raifon la plus vraifemblable qui a fait tomber depuis quelque temps, le commerce de cette drogue.

On trouve encore aux pieds des racines de plufieurs plantes des efpeces de *coccus*, tels qu'aux pieds de la pilofelle de la boufferole, du Sclerante vivace' de l'oranger, du pêcher, de la vigne, du fapin, du tilleul, du coudrier, du charme, de l'érable, &c. On pourra peut-être parvenir un jour à retirer quelques teintures de ces in-sectes.

On trouve sur les branches de l'orme une cochenille fort semblable à la belle cochenille de l'Opuntia ou du Mexique : elle se nomme *coccus ulmi, corpore fusco, serico albo. Geoff.* 412 , *t.* 1. Elle est brune, ovale, & se termine en pointe par les deux bouts ; elle se fixe de bonne heure sur l'arbre, & forme en dessous & sur les côtés un duvet blanc & cotonneux, dans lequel elle paroît en-foncée. Elle conserve jusqu'à la fin sa forme d'insecte ; & l'on distingue tou-jours les anneaux de son corps, quoi qu'elle meure sur la place. Linnæus as-sure que la cochenille de l'orme nous donne une belle couleur rouge & agréable.

Après la cochenille, nous n'avons guere d'insecte plus renommé pour la teinture, que le kermès, qui naît na-turellement en Provence, en Languedoc, en Espagne , & dans l'Isle de Candie. *(On a consacré dans ce volume un chapitre pour cet insecte : il est par conséquent inutile de rapporter ici ce qu'en dit notre anonyme).*

On trouve en Angleterre différentes efpeces de kermès, toutes néanmoins appartenant au même genre. On en remarque fur les farmens de vigne, fur les branches du laurier cerife, du prunier & du cerifier : la couleur en eft brune ; elle fe trouve communément avec une efpece de mere femblable à une fourmi. La couleur des kermès eft peu ftable ; les coques les plus noires font les plus riches en couleur : celles des kermès de Provence changent de couleur ; de jaunes elles deviennent d'un brun foncé : fi on les ramaffe de bonne heure & fi on les fait fécher, elles reffemblent en tout à la cochenille : on en tire une belle couleur rouge, qui étoit celle qu'on eftimoit plus autrefois, avant qu'on employât la cochenille.

— On voit dans l'Europe méridionale fur le piftachier, le thérébinthe, le lentifque, de petits infectes qu'on nomme pucerons. Bellon rapporte que leurs galles donnent une couleur jaune, & que fi on les mêle avec des acides, elles fourniffent pour lors une belle couleur rouge. En général les galles ou veffies occafionnées par les pucerons, ne font pas fi à négliger qu'on penfe. Les Turcs ont une efpece de noix de galle rougeâtre, de-la grosseur d'une noisette, qu'ils nomment *badezenge*, & à Damas en Syrie, *baisonge* : ils en mêlent trois parties avec la cochenille pour en faire leur écarlate ; si on pouvoit parvenir en France à avoir de cette baisonge, on pourroit épargner dans nos teintures trois parties d'écarlate, cette épargne feroit pour nous d'un grand avantage, d'autant que la cochenille est d'un prix très-considérable. Les galles ou vessies que les pucerons forment sur les thérébinthes de la Provence, ont été confrontées avec les baisonges de Syrie par M. de Réaumur, qui les a reconnues pour être la même chose; ce qui a fait dire à ce Naturaliste que nous pourrions ramasser dans la France ce que nous tirons à grands frais de l'étranger.

On remarque sur les chênes une quantité de diverses especes de galles : c'est sur les chênes du levant qu'on trouve les noix de galle, formées par des insectes; on en fait usage pour préparer les étoffes à réunir diverses sortes de teinture, ainsi que pour faire de l'encre ; on les associe pour l'ordinaire avec les martiaux ; on en tire une belle couleur noire : les galles du saule sont fort communes ; on prétend qu'on en peut tirer une couleur jaune, quoiqu'elles ne foient pas bien en ufage

La réfine laque eft une teinture dont on a ignoré pendant long-temps l'origine ; on ne doute pas à préfent qu'elle ne foit formée par des fourmis volantes qu'on trouve dans plufieurs provinces des Indes orientales, telles que dans Pégu , Bengale, & Malaca : ces fourmis dépofent la laque fur des branches d'arbre , ou fur des branchages que les habitans ont foin de piquer en grande quantité, pour fervir de foutien à l'ouvrage de ces petits infectes. M. Geoffroy, après avoir examiné avec attention la laque en bâton, l'a reconnue pour être une forte de ruche , approchant en quelque façon de celle que les abeilles ou d'autres infectes ont coutume de travailler : effectivement, quand on la caffe, elle fe trouve partagée en plufieurs cellules ou alvéoles d'une figure affez uniforme ; ce qui prouve évidemment que ce n'eft pas une gomme ou une réfine qui ait découlé des branchages fur lefquels on les trouve : les cloifons de ces alvéoles font extrêmement fines, & toutes pareilles à celles des ruches des mouches à miel. Ces alvéoles contiennent de petits corps plus ou moins renflés , & qui y font moulés : ces petits corps font d'un beau rouge ; les uns plus foncés, les autres moins : quand on les écrafe, ils fe réduifent en poudre auffi belle que celle de la cochenille ; en mettant ces petits corps dans l'eau , ils s'y renflent comme la cochenille, la teignent d'une auffi belle couleur , & en prennent à peu près la figure : ce font ces petits corps qui donnent à la laque la teinture rouge qu'elle paroît avoir ; car quand elle en eft abfolument dépouillée , ou peu fournie , elle ne donne qu'une teinte très-légere ; il paroît donc que la laque n'eft qu'une efpece de cire que recueillent les fourmis ; ceux du Pégu préparent & travaillent cette laque pendant huit mois de l'année, pour la production & la confervation de leurs petits : c'eft cette laque que les hommes ont fu mettre à profit, en l'employant pour la belle teinture d'écarlate qui fe fait au Levant, pour la cire à cacheter, & pour les vernis. On fépare la laque des bâtons , en la faifant fondre ; on la lave, on la jette enfuite fur un marbre où elle fe refroidit en lames ; on la nomme pour lors laque plate. La laque en grains eft ce qui refte de plus groffier après qu'on en a tiré la teinture ; c'est cette laque qu'on emploie pour la cire à cacheter. On colore cette cire avec du vermillon ; la cire noire est coloriée avec du noir de fumée, & celle qui est de couleur de l'aventurine, avec de l'orpiment. Les Indiens font avec leur pâte coloriée une pâte très-dure, d'un très-beau rouge, dont ils forment des braffelets appelés manilles.

Les Anglois tirent de la cochenille de l'Opuntia à moins de frais que nous, une teinture écarlate plus belle & plus brillante que la nôtre ; tout leur fecret confifte à la mêler avec la laque. On peut extraire, fuivant M. Hellot, les parties colorantes de la gomme laque, par l'eau fimple de riviere, fans aucune addition, en faifant chauffer cette eau un peu plus que tiede, & mettant la laque pulvérifée dans un fac de groffe étoffe de laine, qu'un homme pétrit.

La feche eft un poiffon infecte qui fournit une couleur noire ; car cet in-fecte lâche continuellement une liqueur à laquelle M. le Cas a donné le nom d'é-thiops minéral. Lorfque cette liqueur eft defféchée, elle devient femblable à du charbon, & fournit une poudre impalpable plus fine encore que celle du carmin.

On se sert du suc noir de seche pour faire de l'encre à écrire ou à imprimer. Hermann rapporte que les Chinois mêlent ce suc avec du bouillon de riz, ou d'autres légumes, pour l'épaissir & en former une pâte qu'ils envoient dans tout l'univers sous le nom d'encre de la Chine. Suwammerdam assure, que quand ce suc noir & pur est encore fluide, il produit sur les étoffes des taches ineffaçables.

*OBSERVATION sur différens insectes
propres à donner de la soie ainsi que
le ver à soie.*

ON remarque sur le pin un insecte
que M. la Rouviere d'Yssantier nomme
chenille du pin, & que M. de Réaumur
a mis au rang des chenilles qu'il nomme
processionnaires. Cette chenille est à peu
près semblable aux autres, c'est-à-dire,
que son corps est velu, & composé de
plusieurs anneaux qui, en s'éloignant &
se rapprochant les uns des autres, la
portent où elle a besoin d'aller. Sa couleur est roussâtre, sa longueur d'environ
15 lignes, & son épaisseur peu proportionnée. Ces chenilles font leurs cocons
au haut des pins; ils sont à peu près de la
grosseur d'un melon ordinaire ; & on
en peut tirer de fort belle & bonne soie:
toute la difficulté consiste à détacher les
cocons de l'arbre ; ce qui est d'autant
moins aisé, qu'ils entourent & serrent
fort étroitement les branches, comme on
arrange la filasse d'une quenouille à filer.

On trouve dans leur centre une espece de sac rempli de petits boutons qui sont sans contredit les œuvres de ces insectes. M. de la Rouviere propose, pour avoir ces cocons, de couper les branches auxquelles ils sont attachés, & de s'en servir comme de quenouilles naturelles. Les Naturalistes sont invités à travailler à la multiplication de cet insecte. On a fait, il y a quelques années, auprès de Forge de très-bons bas avec leur soie. Un curieux de la ville de Beaune en Bourgogne a fait une observation singuliere, & qui peut être très utile, sur la bardane, à laquelle on donne aussi le nom de *glouteron*. Cette plante est fort commune ; elle croît le long des chemins, & s'accroche aux habits : on en distingue de plusieurs especes ; la plus grande a une tige haute de trois ou quatre pieds. La petite, connue sous le nom de Xanthium, n'a qu'un pied & demi de hauteur, & est différente de la précédente, tant pour sa fleur que pour son fruit. Il s'y en trouve encore une autre dont les têtes sont enveloppées d'un coton blanchâtre. L'Observateur de Beaune a trouvé sur une de ces plantes un cocon soyeux, d'un jaune clair, rond, gros à peu près comme celui du ver à foie : ce cocon eſt l'ouvrage d'un inſecte qui y loge ſes œufs enveloppés chacun d'une pellicule aride & ramaſſés en forme de grappe au milieu de l'enveloppe ſoyeuſe. Quand la coque eſt ouverte, on remarque qu'elle eſt percée de petits trous en pluſieurs endroits ; c'eſt apparemment par ces trous que quelques-uns des vers ſont ſortis auſſi-tôt qu'ils ſont éclos. Notre Phyſicien a obſervé dans les œufs qui reſtoient, des animalcules bien vivans, qui n'auroient pas tardé ſans doute à s'envelopper de leur priſon, comme les premiers, ſi l'on n'eût point arraché la plante. Ces coques ont été trouvées ſur la fin d'Octobre par un temps aſſez froid ; ce qui prouve que les inſectes qu'elles renferment doivent être par-là entierement garantis des injures de l'air dans cette retraite que la nature leur a préparée. Le duvet qu'a filé l'inſecte, dont le glouteron eſt l'atelier, paroît auſſi beau & preſque auſſi abondant que le cocon de ver à ſoie. Ainſi, comme cette plante n'eſt pas rare, & comme elle n'eſt pas en même temps délicate, on pourroit en tirer beaucoup de profit : il eſt aſſez vraiſemblable que la ſoie de glouteron ne pourroit être dévidée, à

moins qu'on ne pût la recueillir avant
que les petits renfermés dans le cocon
n'y eussent fait leur trou ; & cela n'est
peut-être pas aisé ; mais du moins, en
cardant cette soie, on pourra ensuite
la filer. Or , comme cette opération dé-
chire la matiere & la divise en brins, il
reste à savoir, 1°. si les fils qui en seront formés auront la force nécessaire
pour fabriquer les étoffes; 2°. si les fils
conserveront le lustre du cocon dont ils
auront été tirés ; 3°. s'ils prendront à
la teinture toutes sortes de couleurs.

F I N.